L'Intelligence Emotionnelle

Comment gérer les émotions, l'anxiété et le stress, développer de l'empathie et de la confiance en soi, résoudre les conflits et améliorer n'importe quelle relation

Robert Mercier

Sommaire

Avant de commencer à lire, veuillez suivre le code QR suivant pour télécharger un livre gratuit intitulé **"Les 7 secrets de la communication persuasive"**.

Un petit guide pratique qui vous donnera les connaissances nécessaires pour améliorer vos capacités de communication, parfaitement complémentaire au livre que vous allez lire.

Le télécharger est très simple : prenez votre smartphone et encadrez ce QR Code avec votre appareil photo.

Introduction

N'importe qui peut se fâcher : c'est facile. Mais se fâcher avec la bonne personne, et au juste degré, et au bon moment, et pour le bon objectif, et de la bonne façon : Ce n'est pas possible pour n'importe qui et ce n'est pas facile.
Aristote, *l'Ethique à Nicomaque*

Nous vivons à une époque où, comme jamais auparavant dans l'histoire, nous sommes constamment en contact avec nos semblables : si un de nos ancêtres, il y a cent-cinquante ans, pouvait rencontrer pendant sa journée un nombre certainement limité de personnes – à quelques exceptions près – de nos jours, nous pouvons vanter en revanche une interconnexion pratiquement *illimitée* avec nos proches, nos amis, nos connaissances et même des personnes jamais vues auparavant qui, probablement, ne franchiraient pas amicalement le seuil de notre maison. Cette particularité de notre époque comporte une large série d'avantages, que ce soit hors ligne ou en ligne, en plus d'une longue liste de codes à respecter, de considérations à faire, des pensées à mettre en ordre, afin que l'on puisse garantir un certain niveau de tranquillité émotionnelle que ce soit pour nous-mêmes que pour les autres.

Cependant, il arrive souvent que cette impassibilité ne

soit, en partie ou complètement, comprise. Pourquoi être gentil avec quelqu'un qui ne deviendra jamais notre ami ? Ou bien, plus en général : pourquoi se donner la peine d'être gentil avec un inconnu ? Pourquoi, dans un monde si violent et injuste, nous devrions montrer nos sentiments à d'autres ?

Il ne s'agit pas d'un discours à sens unique, où la clé finale est toujours la même – être une personne *meilleure* (meilleure par rapport à qui ? à quoi ?) – mais d'accéder plutôt à une compréhension que nous pourrions définir comme globale de notre façon d'être humain, nous accepter comme des personnes pourvues d'émotions et de sentiments. Mais à quoi faisons-nous exactement référence ?

C'est à l'*intelligence émotionnelle* que nous faisons référence, une capacité non intrinsèque de l'être humain, mais facilement accessible avec persévérance, effort et empathie : le sujet central de ce livre sera le traitement de cette capacité, sa définition et son analyse sous de multiples points de vue.

Nous traiterons progressivement différentes thématiques : comment réussir à acquérir et à augmenter cette attitude ; son rapport avec les émotions et la façon dont ces dernières peuvent l'influencer ; comment régler l'empathie en fonction des réactions des autres. En effet, pour donner un exemple, l'empathie également peut être cultivée et apprise à travers l'expérience.

Une question qui pourrait venir de façon spontanée est : « Que signifie *comprendre mes émotions ?* ». C'est un doute qui se présente au bon moment. Lorsque nous affirmons de vouloir *comprendre nos émotions,* nous voulons le faire littéralement. En termes simples, si je me sens fâché, alors cela veut dire que je le suis. Se fier à l'intelligence émotionnelle signifie faire un pas supplémentaire, penser sur *pourquoi* vous vous sentez comme vous vous sentez, et sur la meilleure façon de négocier les émotions négatives.

Faisons un essai : demandez-vous et essayez d'identifier quelles sont les raisons qui vous rendent triste, mélancolique ou simplement un peu déprimé. Qu'est-ce qui peut avoir causé ces émotions ? S'agit-il de quelque chose d'évident, que l'on peut facilement identifier ? S'agit-il de quelque chose que vous pouvez résoudre immédiatement, ou bien c'est quelque chose de physiologique ?

Souvent, les personnes ressentent des sensations qu'elles n'arrivent pas à comprendre, elles se sentent en difficulté pour assimiler avec précision une émotion, ou bien elles ressentent un mélange de plusieurs sentiments qui rend difficile d'identifier comment on se sent réellement.

Maintenant, nous proposons, à titre d'exemple, une situation dans laquelle vous avez dû vous retrouver au moins une fois : pendant un dîner entre amis ou à une fête, vous êtes présenté à quelqu'un qui est nouveau, que vous ne connaissez pas. Comment réagissez-vous ? Quelle est la première chose que vous faites ? Très probablement, même pendant seulement quelques instants, vous vous sentez dépaysé, vous devez faire une pause, vous êtes comme bloqué, parce que vous n'êtes pas sûr de ce que vous ressentez par rapport au nouveau contexte qui vient de se créer. C'est une situation idéale afin d'appliquer l'intelligence émotionnelle. Vous prenez votre temps et vous identifiez comment vous vous sentez vraiment par rapport à une question particulière, à un évènement spécifique, à un épisode qui pourrait aussi apparaitre insignifiant, mais qui est en fait une partie fondamentale pour votre vie.

Afin de développer cette capacité, lorsque quelque chose se passe, nous devons le stocker immédiatement dans notre mémoire, en insistant aussi bien sur les sentiments que nous ressentons en réaction à ce fait donné, que sur ce que nous percevrons par la suite, au moment où nous nous concentrons sur ce qui s'est passé. C'est très utile et cela se prête à notre objectif de mettre noir sur blanc ces pensées, de façon à pouvoir les examiner profondément, de quasiment les sectionner. De plus, cela nous aiderait à déterminer une règle essentielle et simple, mais fondamentale, afin de mener toutes ces opérations : il faut traiter les autres de la façon dont *vous* voudriez être traité.

Vous aurez des relations décidément plus fructueuses si vous vous attardez à penser « De quoi a besoin la personne qui se trouve en face de moi en ce moment ? » au lieu de concentrer votre réaction uniquement sur comment vous vous *sentez,* sur ce que vous ressentez à ce moment précis. Comme nous l'enseigne le principe logique du Rasoir d'Ockham : la réponse la plus triviale est la bonne réponse.

P.S. : Avant de commencer la lecture, <u>cliquez ici pour télécharger un livre gratuit intitulé "Les 7 secrets de la communication persuasive"</u>.

Un petit guide pratique qui vous donnera les connaissances nécessaires pour améliorer vos compétences en matière de communication, parfaitement complémentaire au livre que vous allez lire.

1. L'intelligence émotionnelle : qu'est-ce que c'est ?

L'intelligence émotionnelle est la capacité d'être conscient, de contrôler et d'exprimer nos émotions, et de gérer les relations interpersonnelles de façon empathique et judicieuse. Plus simplement, l'intelligence émotionnelle est la capacité de comprendre ses propres émotions et d'être empathique avec les émotions des autres. Elle a été aussi définie comme la capacité de contrôler ses propres émotions et celles des autres, de savoir discerner les différentes émotions et de les cataloguer de façon appropriée, en utilisant les informations émotionnelles acquises par le passé afin de mener de la meilleure façon possible la pensée et le comportement relatif.

Acquérir ou posséder cette capacité est extrêmement important, puisque cela vous permet d'être empathique avec les autres, de communiquer de façon efficace et d'être plus conscient de vous-même, aussi bien individuellement que socialement. La façon dont nous répondons à nous-mêmes et aux autres personnes influent dans n'importe quel contexte de notre vie : des relations interpersonnelles à celles familiales, en passant par celles de votre lieu de travail. Grâce à l'intelligence émotionnelle, vous gérerez mieux vos relations avec vos amis, votre famille, mais également avec vous-même et votre façon de vivre dans le monde qui vous entoure.

Vivre dans le monde actuel, à cette époque historique, cela signifie interagir avec beaucoup de types de personnes différentes, des innovations et des changements constants pratiquement à l'ordre du jour : avoir une intelligence émotionnelle développée est le point de départ pour répondre avec réussite aux défis auxquels la vie vous confronte. De plus, une telle capacité est une composante essentielle de la compassion et de la compréhension des raisons plus profondes à la base des actions d'autrui.

Le concept d'intelligence émotionnelle a été abordé pour la première fois en 1990 par deux psychologues américains, Peter Salovey (1958 -) et John D. Mayer, et il a été ensuite approfondi par le psychologue Daniel Goleman (1946 -), qui le rendit célèbre à travers un travail important de divulgation à partir de son livre à succès *Emotional Intelligence*, traduit en France avec le titre L'*Intelligence émotionnelle*, en 1997.

L'intelligence émotionnelle est particulièrement importante lorsqu'une personne se retrouve dans une situation de stress, comme le peut être un changement, un conflit ou un obstacle (par exemple, une dispute avec un ami cher) : pendant ces moments-là, il est fondamental de rappeler de pratiquer des actes de gentillesse. Être en étroite liaison avec nos émotions et connaître notre façon de réagir par coeur peut nous aider dans cette mission.

Cette capacité vous permet d'être conscient de soi et de vos émotions afin que vous puissiez prendre des décisions cohérentes et favoriser des résultats et des relations positives, enrichissantes et qui se trouvent renforcées de par cela. C'est une unité de mesure avec laquelle comprendre dans quelle mesure nous nous exprimons bien, comment comprendre les autres et interagir avec eux.

2. L'intelligence émotionnelle : pourquoi est-elle si importante ?

Un matin, vous ouvrez vos yeux et vous vous retrouvez fatigué, vous vous sentez vieilli d'un coup.

Vous avez travaillé péniblement pendant toute votre vie et vous vous êtes conformé aux attentes rigides de la société, en vous insérant parfaitement dans une structure granitique. En étant intelligent et éveillé, vous avez rapidement gravi les échelons de votre carrière et êtes arrivé au sommet de l'entreprise où vous avez commencé à travailler depuis très jeune, en jouant des coudes afin d'arriver le premier et d'exceller dans tout ce que vous faites et en battant la concurrence. Maintenant que vous êtes arrivé à l'âge de la retraite, vous vous retrouvez aisé, mais seul.

À cause de votre travail, auquel vous vous êtes consacré obsessionnellement pendant beaucoup de temps, vous avez négligé votre mariage, et votre épouse a demandé et obtenu le divorce. Lentement, vous êtes devenu un inconnu également pour vos enfants : les contacts avec eux sont rares et sporadiques. Les réunions de travail ont pris tout votre temps et vous avez manqué les évènements plus importants de leur vie : une réunion pour un récital de danse, une rencontre avec une délégation pour un mariage... Il y a dix ans, votre meilleur ami est décédé. Cela faisait presque une décennie que vous lui aviez parlé pour la dernière fois. Vous avez découvert son décès seulement beaucoup de temps plus tard, par pur hasard en feuilletant les pages d'un journal.

Vous regardez ce que vous avez accompli dans votre vie : vous avez de l'argent, une grande maison, une voiture élégante. Votre entreprise vous a récompensé à plusieurs occasions pour votre travail, mené avec constance malgré la fatigue. Cependant, pendant tout ce temps, vous n'avez cultivé aucune de vos passions, même pas un passe-temps. Vous n'avez pas appris à jouer d'un instrument de musique ou à danser le tango comme vous le rêviez en étant enfant. Vous ne vous êtes pas rapproché d'une culture étrangère, ni essayé d'apprendre une compétence artistique ou artisanale. Vous n'avez même pas appris à cuisiner vos plats préférés, et avez toujours laissé cela à autrui.

Vous sentez un vide autour et à l'intérieur de vous. Cela ne devait pas se terminer ainsi. Vous aviez toujours été vigilant et actif, et croyiez fermement que, du moment que vous travailliez dur, le bonheur vous aura attendu à la fin de vos efforts, comme lorsqu'à l'horizon, l'arc-en-ciel apparaît après un terrible orage.

Vous avez ignoré les sentiments gênants en les reléguant dans la partie postérieure de votre cerveau, les plaintes de votre famille et les appels préoccupés de vos collègues et de vos amis. Que donneriez-vous pour entendre de nouveau ce « *Tu es là ? Tout va bien ?* » que vous méprisiez tellement, pensant que ceci était un reproche plus qu'un soucis ?

En ressassant le passé, vous revoyez les opportunités qui vous ont été présentées afin de vous réconcilier, celles pour créer de nouvelles amitiés. Vous les avez toutes ignorées dans le but ultime de travailler sur votre carrière, celle que vous chérissiez tant durant toute votre vie. Nous, les êtres humains, nous avons l'habitude de nous considérer comme des créatures extrêmement rationnelles, mais le bonheur et l'accomplissement se trouvent, que cela plaise ou non, sur une voie complètement différente de la raison : celle des émotions.

En se concentrant seulement sur le fait de rechercher des intérêts économiques, sur le fait d'augmenter les chiffres de notre compte en banque, nous pourrions négliger, tout au long du chemin, des choses beaucoup plus importantes. Les émotions, ainsi que la souffrance, sont souvent difficiles à reconnaitre. De plus, tout comme la souffrance, elles se comportent souvent de façon ambivalente : elles peuvent aussi bien signaler quelque chose de banal que l'on peut ignorer facilement, que quelque chose de concluant dans la direction de sa vie. Quelqu'un peut être intelligent et avoir un Q.I. élevé, mais ne comprendra néanmoins pas les choses qui se passent autour de lui, car il lui manque justement cette précieuse intelligence émotionnelle. Nous avons trop tendance à parler d'intelligence en signifiant le Quotient Intellectuel, pourtant cette notion a été mise à mal durant bien des décennies par les scientifiques et les psychologues. Être intelligent ne veux pas forcément comprendre le monde et les relations entre êtres humains de manière adéquate, et savoir réagir par rapport à elle. Parfois même bien au contraire ! Combien d'exemples de personnes avec un Quotient Intellectuel élevé sont en réalité des personnes souffrant de troubles du spectre de l'autisme ou d'autre troubles neurodéveloppementaux ?

L'intelligence émotionnelle est la capacité de distinguer ce que des émotions particulières sont en train d'essayer de vous communiquer, de mener votre vie vers une direction spécifique, en phase avec vos objectifs rationnels et émotionnels. De plus, cela vous permet d'atteindre ces objectifs et de reconnaitre les émotions aussi chez les autres, de façon à pouvoir construire des relations plus fortes, profondes et durables.

Si nous devions faire une comparaison automobile, nous pourrions dire que, pendant que l'intelligence à elle seule vous rend un bon conducteur, si vous êtes pourvu d'une intelligence émotionnelle, vous êtes alors un pilote expert qui sait exactement où il veut aller avec sa propre voiture et est maître du véhicule de bout en bout.

En somme, nous pourrions utiliser des milliers de comparaisons et de métaphores, mais la vérité est la suivante : une personne pourvue d'intelligence émotionnelle se distinguera de toutes les autres, principalement par le fait de posséder quatre qualités essentielles. Quelles sont-elles ?

1. **Autogestion** : Une personne pourvue d'intelligence émotionnelle est en mesure de contrôler ses états d'âme, qu'ils soient impulsifs ou pas ; elle sait gérer ses émotions de manière saine ; elle sait être proactive dans sa vie ; elle suit les engagements fixés et elle est en mesure de s'adapter si les circonstances changent ou que celles-ci ne sont plus favorables.

2. **Conscience de soi** : L'intelligence émotionnelle permet de reconnaitre ses émotions et de savoir à quel point elles influent les pensées journalières et les comportements ; une personne qui utilise cette qualité arrive à comprendre quelles sont ses limites et ses faiblesses, en puisant de la force de ces-dernières.

3. **Conscience sociale** : Une personne pourvue

d'intelligence émotionnelle éprouve de l'empathie ; elle arrive à comprendre les émotions, les besoins et les problématiques des autres ; elle s'inspire des émotions des autres personnes, en ne les laissant pas s'échapper ou en y accordant peu d'attention ; elle se sent à l'aise socialement et arrive à reconnaitre les dynamiques qui pourraient se créer dans un groupe ou dans une organisation.

4. **Contrôle des relations** : En développant son intelligence émotionnelle, une personne est en mesure de développer et de maintenir de bonnes relations avec les autres personnes ; elle arrive à communiquer avec elles, à les inspirer et à les influencer ; elle travaille bien en groupe et elle sait gérer correctement les conflits.

Comme nous avons pu constater dans les paragraphes précédents, l'intelligence émotionnelle n'est pas liée aux facteurs comme l'intelligence telle que nous l'imaginons, le savoir ou la réussite. De plus, nous le savons tous, les personnes qui arrivent à obtenir de la satisfaction et à recevoir de la réussite n'ont pas nécessairement un Quotient Intellectuel hors du commun.

En y réfléchissant un peu, nous découvririons certainement que dans notre cercle de connaissances, il y a plus d'une personne liée à une brillante carrière académique ou professionnelle, mais complètement inepte en ce qui concerne les relations sociales, ou bien qui se considère insatisfaite des propres relations interpersonnelles. Un Q.I. élevé ne garantit pas toutes les satisfactions personnelles possibles dans la vie et cela doit être considéré seulement un moyen : grâce à ce dernier, vous arriverez à passer un examen ou un concours, mais ce sera l'intelligence émotionnelle qui vous viendra en aide lorsque vous serez trop stressé pour réviser ou trop tendu pour exceller lors du concours. La coopération des deux différents types d'intelligence serait préférable : à travers leur collaboration on obtiendra des résultats vraiment efficaces, en se construisant l'un avec l'autre.

À travers ces pages, nous allons entrer dans la connaissance de nous-mêmes et allons partir à la recherche de quelque chose qui va bien au-delà du confort matériel : l'intelligence émotionnelle et l'empathie. Rien ne vous servira d'avoir un travail de renom, une belle voiture, une maison et une aisance financière sans limite si vous ne goûtez pas au bonheur d'être en harmonie avec vous et avec les gens qui vous entourent. Certes, le confort financier est quelque chose d'enviable, et le monde dans lequel nous vivons nous pousse à toujours avoir plus, mieux et mieux que les autres, mais la véritable richesse réside en réalité dans quelque chose de bien différent : l'harmonie du monde qui nous entoure, et notre façon de gérer nos sentiments.

Alors, au diable notre côté tempétueux sous le seul prétexte que l'on souhaite achever une performance exceptionnelle, apprenons à vivre avec nos-mêmes et nos émotions pour entrer dans le précieux univers de l'intelligence émotionnelle.

3. Comment l'intelligence émotionnelle influence votre vie

L'intelligence émotionnelle peut influencer vos performances scolaires et professionnelles : en effet, cette capacité peut vous aider à explorer les hiérarchies et les complexités sociales de votre emploi, en vous aidant à mener et à motiver vos collègues, et à gravir les échelons dans sa carrière. Pour donner un exemple pratique, actuellement, beaucoup de professionnels qui se consacrent aux ressources humaines dans les entreprises, lorsqu'ils analysent un Curriculum Vitae pour un emploi, prennent cela en compte et recherchent la présence de l'intelligence émotionnelle parmi les compétences générales. On aura par exemple tendance à apprécier quelqu'un qui dit qu'il fait du bénévolat ou qui passe son temps à aider son prochain ou faire du travail d'équipe, plutôt que quelqu'un qui ne se dédie qu'aux performances.

Votre santé physique dépend fortement de l'intelligence émotionnelle : si vous n'êtes pas capable de gérer correctement vos émotions, probablement, vous ne serez même pas capable d'arriver à gérer le stress. Si on ne l'affronte pas avec la bonne attention et le bon soin, le stress peut amener à des problèmes de santé. S'il n'est pas contrôlé, le stress porte à une augmentation de la pression sanguine, il affaiblit le système immunitaire, il augmente le risque d'AVC et de crises cardiaques, et il contribue à l'accélération du processus de vieillissement. Un des premiers objectifs afin d'améliorer son intelligence émotionnelle, comme nous le verrons, sera celui d'apprendre à gérer le stress.

Le stress non contrôlé, de surcroît, influe concrètement sur la santé mentale d'une personne, en la rendant plus vulnérable aux maladies telles que l'anxiété et la dépression.

Si vous n'étiez pas en mesure de comprendre pleinement vos sentiments, d'être à l'aise avec vos pensées ou de gérer vos émotions, vous expérimenteriez des difficultés à établir des relations fortes et durables : ces difficultés pourraient vous faire sentir isolé et aggraver ultérieurement d'éventuels problèmes de santé mentale.

Lorsque vous êtes en mesure de comprendre et de contrôler vos émotions, vous êtes par conséquent capable d'exprimer vos états d'âmes et de comprendre celui des autres. Cela vous autorise à communiquer de manière plus efficace et d'instaurer des relations plus solides, autant au travail que dans votre vie privée.

L'intelligence émotionnelle vous aide à vous aligner avec votre vie sociale : être en phase avec vos émotions signifie avoir un objectif purement social, puisque cela vous permet de vous connecter aux autres personnes et au monde qui vous entoure. Cela contribuera à vous faire comprendre qui est véritablement un ami et qui ne l'est pas, malgré ce qu'ils vous disent ou cherchent à vous cacher. En sachant lire une personne et ce qu'elle vous communique ou tente de vous faire ignorer, vous saurez déceler les premiers signes de trahison ou de couardise de la part de quelqu'un, tout comme vous saurez instinctivement à qui faire confiance. Cela vous aidera à réduire le stress à travers la communication sociale avec les autres, en vous faisant sentir comblé et aimé grâce à un cercle d'amis et de connaissance sain et stable. Vous remarquerez bien vite que les amis que vous avez reflète bien votre état d'esprit et la personne que vous aspirez à être. Ceci peut être un exercice amusant : dressez une liste des cinq personnes dont lesquelles vous vous sentez le plus proche, et tracez leurs défauts et leurs qualités. Vous remarquerez bien vite que celles-ci sont comme un miroir, qui vous renvoie qui vous êtes et qui vous aspirez à devenir.

Inutile de le préciser, l'intelligence émotionnelle ne peut vous être que bénéfique : vous vous trouverez plus serein, aurez un œil différent sur monde, une peu comme si vous parliez un langage que de nombreuses personnes ne maitrisent pas encore. L'intelligence émotionnelle est la clé vers un monde que vous auriez voulu découvrir bien plus tôt dans votre vie !

4. Comment augmenter votre intelligence émotionnelle

Après avoir bien passé en revue la définition de l'intelligence émotionnelle, concentrerons-nous maintenant sur un aspect plus pratique : comment l'augmenter uniquement par vous-même.

En partant du principe que les capacités qui composent l'intelligence émotionnelle peuvent être apprises à n'importe quel moment, il est cependant important de rappeler à quel point cela peut être sensiblement différent de connaitre l'intelligence émotionnelle et d'appliquer une telle connaissance à votre vie. Dans une situation de stress, lorsque vous serez submergé par celui-ci, le fait de savoir que l'on doit faire quelque chose et le faire effectivement sont deux choses différentes : il ne suffit pas d'avoir les meilleures intentions afin de réussir dans une tâche. Afin de modifier de manière permanente vos comportements, de façon à réussir à réagir sous pression, il est fondamental d'apprendre à surmonter le stress instantanément ; dans les relations également, il est nécessaire d'être toujours conscients de ses émotions.

Les bases à partir desquelles construire et augmenter son intelligence émotionnelle et améliorer la capacité de gérer ses émotions et de se connecter avec les autres sont :

1. *Autogestion*
2. *Conscience de soi*
3. *Conscience sociale*
4. *Suivi des relations*

L'*autogestion* est un facteur crucial et, pour certains, exténuant : afin de pouvoir entrer en contact avec votre intelligence émotionnelle, vous devez être en mesure d'utiliser vos émotions et de réussir à prendre des décisions constructives pour ce qui concerne votre comportement, même en peu de temps. Par exemple, en cas de stress, vous pourriez perdre le contrôle de vos émotions et la capacité d'agir de façon appropriée et correcte. Certes, cet aspect est probablement l'un des plus difficiles à maîtriser, car cela demande un énorme travail sur soi-même avant même de commencer quoi que ce soit d'autre. Analyser ses émotions et la façon dont nous réagissons prend du temps et nécessite beaucoup de rigueur et d'observation constante. Mais une fois que vous aurez maitrisé cet aspect-là de votre vie, tout vous semblera plus facile d'accès et vous vous surprendrez de voir à quel point les autres points mentionnés dans ce livre sont en réalité très facile à faire !

Rassemblez vos pensées et essayez de vous rappeler du dernier moment où le stress vous a submergé : à ce moment-là, a-t'il été facile de penser de façon claire et de prendre une décision de façon rationnelle ? Probablement non. Mais ne vous en sentez pas coupable : lorsque vous êtes exposé à un niveau de stress élevé, votre capacité de penser de façon analytique, claire et précise, en pondérant et en évaluant aussi bien vos émotions que celles des autres, est largement compromise. En effet, nous agissons souvent sous le "feu de l'action" et laissons nos sentiments négatifs nous guider et réagir de manière peu appropriée. Par exemple, si quelqu'un vous coupe la route alors que vous conduisez, vous aurez peur, mais c'est la colère qui va prévaloir. Vous allez donc insulter copieusement de chauffard qui ne vous entendra jamais. Mais la sensation que vous avez ressenti, c'est la peur et la surprise : vous assimilez ces deux sentiments à de la colère, car vous vous êtes senti impuissant et avez eu des myriades de potentiels scénarios catastrophiques dérouler devant vos yeux. Ainsi, comprendre quelles sont les vraies émotions que nous ressentons nous est nécessaire pour réagir de manière adéquate à une situation.

Une façon utile pour affronter tout cela est de penser aux émotions comme s'il s'agissait d'informations. Pour quelle raison ? Eh bien, les mêmes émotions rassemblent des informations importantes, justement, qui parlent de vous et de tous les autres. Lorsque nous sommes stressés, nous perdons le contrôle de nous-mêmes et nous sommes submergés par trop d'émotions, c'est-à-dire par trop d'informations qui nous bloquent notre vision d'ensemble. La capacité de gérer le stress et de rester activement présent dans votre sphère émotionnelle peut vous aider à recevoir des informations bouleversantes sans vous laisser submerger par vos pensées et sans assommer votre auto-contrôle. Grâce à l'autogestion, vous serez en mesure de faire des choix qui vous permettront de contrôler des comportements impulsifs et des sentiments précipités, de gérer de façon saine vos émotions, de mener à bien vos objectifs et de les adapter à des changements variables présents dans la vie de chacun d'entre nous. L'autogestion en trois mots clés ? Probité, adaptabilité, auto-contrôle.

La *conscience de soi* est une autre des clés d'accès pour aspirer à augmenter son intelligence émotionnelle : si vous êtes conscient de vous-même, vous savez quelles sont *exactement* vos émotions, vous savez comment elles peuvent influencer les personnes autour de vous et vous savez donc toujours comment vous vous sentez. Imaginez cela comme un espèce de moniteur qui affiche vos signes vitaux, sauf que ceux-ci sont des sentiments et des émotions que vous ressentez tout au long de votre journée. Avoir de la conscience de soi implique d'avoir une image précise des propres points forts et de faiblesse : en sachant précisément comment vous êtes, si vous arrivez à vous comporter avec sagesse et humilité.

Nous pourrions résumer la conscience de soi avec trois concepts : conscience émotionnelle, autoévaluation, confiance en soi. Nous avons souvent tendance à répartir les émotions en deux grandes catégories : les émotions positives et les émotions négatives. Cependant, c'est une erreur de penser aux émotions comme à deux pôles opposés. Vous devriez tenter de penser à elles en utilisant le concept d'approprié ou d'inapproprié. Car, objectivement, il n'y a pas de positif ou négatif, mais uniquement des choses qui se passent, et il ne tient qu'à nous de réagir d'une certaine façon plutôt que d'une autre.

Pour être plus clair : la colère est généralement associée à la grande catégorie des émotions négatives ; néanmoins, dans certaines circonstances, cela peut être une émotion complètement appropriée et raisonnable ; ce sera l'intelligence émotionnelle qui va nous permettre de reconnaitre notre colère et de comprendre pourquoi celle-ci se produit, et lorsqu'elle est de rigueur ou non.

Une vérité universellement reconnue : l'être humain est un animal social. Pour notre survie, nous avons besoin des autres afin de nous protéger et même d'attaquer des ennemis plus grands ou plus nombreux que nous. Nous avons toujours gardé cela dans nos gènes, et même les plus agoraphobes d'entre nous ont besoin de quelqu'un pour ne pas se sentir seul. Étant donné que nous sommes constamment en contact avec les autres, nous devons apprendre à connaitre et à reconnaitre les personnes : la *conscience sociale* permet d'identifier et d'interpréter les principaux signaux non-verbaux qu'utilisent les autres pour communiquer. Ces signaux permettent de comprendre comment se sentent les autres, ce qu'ils sont en train de ressentir à l'instant-même, leur état émotionnel et les variations de ce dernier au cours de la conversation. Dans une situation où sont présentes plusieurs personnes, ces dernières envoient des signaux non-verbaux ; si vous êtes en mesure de les reconnaitre et de comprendre les dynamiques de groupe et les expériences émotionnelles collectives, vous serez plus empathique et socialement plus à l'aise dans n'importe quelle situation.

L'empathie est la conscience des besoins et des sentiments d'autrui, individuels et collectifs ; c'est la capacité de voir les choses du point de vue de l'autre. Cela nous permet de développer une plus grande compréhension pour ce qui concerne les vicissitudes des autres. Ce n'est pas une capacité facile à apprendre : vous devrez être très patient et faire un travail énorme sur vous-même afin d'apprendre à assimiler le monde des autres. Apprenez à écouter de façon efficace les messages aussi bien verbaux que non-verbaux, les gestes, les expressions et les mouvements du corps des individus avec lesquels vous discutez ou observez. Posez des questions afin d'en savoir davantage sur les autres personnes et sur ce qu'elles sont en train de ressentir.

Essayez de faire pareil à votre tour, de façon à donner un feedback aux autres : celui d'avoir bien compris leurs sentiments. Respectez les sentiments des autres même si vous n'êtes pas d'accord et évitez de faire des commentaires ou des affirmations qui soient désobligeantes, qui portent un jugement ou qui portent atteinte à la conscience des autres. Plus vous êtes objectifs, plus vous arrivez à mettre vos sentiments de côté, plus l'empathie envers l'autre sera aisée.

Rappelez-vous toujours que prêter attention aux autres ne diminue pas la confiance en vous-même. Au contraire, c'est exactement l'opposé ! En investissant votre temps dans l'attention vers les autres personnes, vous obtiendrez plus d'informations sur votre état émotionnel, mais aussi sur vos valeurs. Pendant une discussion de groupe, par exemple, si vous deviez vous sentir mal à l'aise ou vous énervez en entendant les autres exprimer certaines émotions, vous aurez appris quelque chose de plus sur vous. Apprenez à analyser vos émotions de manière bien plus profonde que ce que vous êtes habitué à faire. Compréhension, développement et communication sont trois mots-clés pour ce qui concerne la conscience sociale.

Bien travailler avec un groupe de personnes implique que vous ayez une bonne conscience émotionnelle de vous-même et que vous réussirez à reconnaitre et à comprendre ce que vivent émotionnellement les personnes autour de vous. Une fois que la conscience émotionnelle fait partie de votre quotidien de manière active, vous pouvez développer correctement des capacités sociales et émotionnelles ultérieures qui rendront vos relations plus fructueuses, efficaces et enrichissantes. Le *suivi des relations* concerne vos capacités communicatives interpersonnelles effectives : le mot "suivi" est lié à votre individualité ; il s'agit de votre capacité à tirer le maximum des autres, d'influencer et d'inspirer les personnes, de comment vous réussissez à établir des liens avec eux et à les aider dans leurs changements, dans leur croissance et à résoudre des conflits, qu'ils soient intérieurs ou non.

Pratiquement tout ce que vous obtiendrez dans votre vie sera le résultat des personnes que vous aurez rencontré sur votre chemin de vie et des relations que vous aurez instaurées avec elles. Apprendre à apprécier le conflit avec les autres est une opportunité supplémentaire pour vous rapprocher d'elles. Attention, nous ne voulons pas dire par là qu'il faut à tout prix chercher le conflit, mais plus qu'il faut accepter le conflit comme ce qu'il est et en chercher à tirer le meilleur parti de la situation, même si celle-ci est nocive. Dans les relations humaines, les désaccords et les conflits sont inévitables : deux personnes ne pourront jamais avoir les mêmes opinions, les mêmes besoins et les mêmes attentes, mais cela ne doit pas être considéré comme un facteur nécessairement négatif. Gérer le conflit et le résoudre de manière saine et constructive peut renforcer ultérieurement le lien entre deux personnes.

Pensez aux interactions avec les autres et aux différentes façons dont vous communiquez pendant des rencontres relaxantes ou stressantes : soyez honnête avec vous-même et identifiez les caractéristiques de communication positives et négatives que vous possédez. Faites un effort afin de réduire celles qui sont négatives et augmentez celles qui sont positives. Mais, parfois, vous aurez affaire à des personnes qui, malgré tous vos efforts, ne sont tout simplement pas compatibles avec vous : dans ces moments-là, vous n'aurez pas d'autre choix et vous devrez interagir avec elles, en particulier si vous vous trouvez dans un environnement de travail. Malgré le fait que ce soit difficile et que cela exige beaucoup d'effort pour quelque chose que vous estimerez presque inutile et fatiguant, n'évitez pas les occasions qui vous obligent à interagir avec cette personne ; tirez-en une leçon et ne rechignez pas ces moments s'ils se présentent à vous, car ceux-ci sont également une excellente expérience sociale et vous apprendra à vous découvrir vous-même.

Gérez les situations la tête haute en utilisant vos capacités : votre auto-conscience, votre autogestion et votre suivi des relations. Initialement, vous pourriez vous sentir mal à l'aise, mais avec le temps cela deviendra toujours plus facile. Rappelez-vous qu'une relation est toujours vécue à moitié : vous serez la moitié de toutes vos relations dans votre vie, aussi bien personnelle que professionnelle. La responsabilité de maintenir une relation positive et durable dépend de vous de toute façon, au moins à 50%. La technologie actuelle a rendu beaucoup plus facile de communiquer avec qui on veut, où que vous vous trouviez, et à n'importe quel moment de la journée. Ceci n'a jamais été vu ou vécu auparavant, et il ne tient qu'à nous, les détenteurs de cette baguette magique, de savoir mettre cela à bon escient. Malgré cette forte augmentation de la connectivité, les écrans entre nous sont devenus une barrière pour ceux qui veulent discuter en modalité d'authentique connexion et de compréhension. Il semble presque que la conversation soit devenue un art perdu : nous pouvons la faire revivre seulement en reconnaissant la valeur et en essayant de la pratiquer comme dans le passé ; la communication est la pièce maitresse de la façon dont se renforcent les relations.

L'intelligence émotionnelle est le noyau des relations intimes durables, puisque cela nous rend extrêmement conscients des changements, grands ou petits, qui surviennent constamment en nous et les autres. Si vous avez l'intention d'augmenter votre intelligence émotionnelle, vous devez arriver à obtenir cette sensibilité que chacun d'entre nous cherche dans son partenaire idéal. C'est seulement à travers l'empathie et à la conscience active de vous-même que vous arriverez à percevoir automatiquement les petits changements qu'il pourra y avoir dans les dynamiques de votre histoire d'amour. En effet, de nombreux psychologues menèrent un sondage à large échelle afin de découvrir ce que les personnes recherchent chez un partenaire amoureux. La première chose fut la capacité d'empathie. Pouvoir discuter de tout à cœur ouvert sans avoir peut d'être jugé, et que notre partenaire sache se mettre à notre place lorsque nous tentons de communiquer quelque chose de difficile, c'est cela qui fait naître et fleurir l'amour. Les autres traits de caractères sont : l'humour (une arme redoutable si l'on comprend bien une situation et que l'on arrive à y déceler les parties humoristiques!), l'ouverture à la discussion (immanquable si vous avec une forte intelligence émotionnelle), la compréhension des mécanismes émotionnels, et le respect des règles de base. Vous l'aurez compris sous ces cinq termes réside la même capacité : posséder une intelligence émotionnelle et savoir comment réagir face à des situations.

Heureusement, vous avez de votre côté une façon pour le moins impeccable de surveiller exactement les progrès de votre relation. Vous vous sentez souvent agité ou intraitable ? Vous semblez toujours insatisfait ? Vous êtes dérangé par vos proches et par vos amis, et vous devez passer beaucoup de temps en leur compagnie ? L'amour, ainsi que l'amitié, ne sont jamais une vision unilatérale. Même si vous semblez combler vos amis et votre famille, peut-être qu'il y a quelque chose en vous qui n'est pas complètement assouvi.

Si le soir, en revenant chez vous, vous ne vous sentez pas envahi par une sensation générale de bonheur en sachant que vous reverrez bientôt vos proches, ou si vous ne vous sentez pas énergique, bienveillant et serein avec votre tendre moitié, il y a probablement quelque chose qui ne va pas : si cela devait se produire, toutes les informations que votre esprit et que vos émotions ont recueilli sur vous-même, sur votre partenaire et sur vos relations vous guideront à la recherche de la meilleure solution. N'hésitez pas à faire une "briefing" avec vous-mêmes à la fin d'une soirée ou d'un moment avec une autre personne. Réfléchissez à sur comment vous vous sentez et pourquoi. Pensez aussi aux choses que vous avez apprises, assimilé durant ce moment, et quels effet bénéfiques elles auront à court, moyen et long terme. Rien n'est du temps perdu si nous en retirons quelque chose !

5. Qu'est-ce que l'empathie ? Quel est son rôle ?

Un matin, votre ami Filippo est arrivé au bureau pour une réunion, et il a remarqué que sa secrétaire, Ada, avait le regard tourné vers le bas. Toujours de bonne humeur, joyeuse et diligente, Ada n'a même pas levé son regard quand il est rentré, comme si elle ne s'était pas aperçue de son arrivée. Filippo a deviné que quelque chose n'allait pas : après s'être installé à son bureau, il s'est dirigé vers Ada afin de comprendre ce qui lui était arrivé. Gentiment, il s'est rapproché d'elle et lui a demandé s'il elle avait des problèmes et qu'elle souhaitait lui en faire part : Ada a haussé les épaules et elle s'est limitée à le regarder tristement. Filippo a insisté : « Je voudrais vous être utile. Voudriez-vous venir à mon bureau pour en parler ? ». Ada s'est levée et l'a suivi afin de résoudre ses conflits internes grâce à une oreille bienveillante qui lui offrait son aide.

Ce exemple semble basique, et pourtant rares sont les personnes qui offrent véritablement leur aide de cette façon. Filippo n'a pas seulement montré de la sensibilité envers Ada, mais également de l'organisation et de la sagesse professionnelle : il a immédiatement compris que, ce jour-là, il n'aurait pas pu mener du travail productif, sauf s'il s'était occupé des exigences et des problèmes de sa secrétaire. Au lieu d'ignorer les signaux d'inquiétude d'Ada, il a décidé de les gérer et d'utiliser son intelligence émotionnelle afin de l'aider.

Quel que soit le problème, écouter un employé pendant quelques minutes et être en mesure d'offrir des conseils utiles est du temps bien investi, puisque cela crée de la confiance et cela augmente la productivité sur le long terme. Même si autrui ne cherche pas activement à demander de l'aide, certains gestes peuvent laisser percer un appel à l'aide. Nous devons toujours aider les autres à affronter leurs problèmes et avancer ensemble, tout comme une équipe qui se respecte. Lorsque nous nous concentrons sur le développement de nous-mêmes, nous nous tournons vers notre intérieur, afin d'améliorer la connaissance que nous avons de nous-mêmes, de nos attitudes et de nos comportements. Après avoir prêté attention à nous-même, il est fondamental de se concentrer vers l'extérieur, vers les autres, en leur prêtant également beaucoup d'attention. Nous devons observer avec nos yeux et écouter avec nos oreilles.

L'*empathie* est la capacité incroyable de recréer la perspective d'une autre personne, d'expérimenter le monde de son point de vue, en se mettant dans sa peau. Une telle capacité implique qu'une personne arrive à effectuer un changement de perspective, à assumer le point de vue de l'autre. C'est une qualité non-négligeable, car c'est celle qui fait que nous sommes humains. De plus, l'empathie veut que l'on aille créer une dimension affective entre vous et l'autre personne : nous ressentons – ou du moins nous tentons de ressentir – les mêmes sentiments qu'ont les autres. Nous nous "mettons à leur place" afin de sentir les mêmes choses qu'elles.

Attention néanmoins à ne pas confondre sympathie et empathie. Montrer de l'empathie demande un effort plus important que de montrer tout simplement de la sympathie envers quelqu'un : cela demande beaucoup plus de temps et plus d'efforts. Nous devons rappeler comment nous nous sommes sentis lorsque nous avons vécu des circonstances similaires, ou imaginer comment nous aurions pu nous sentir si nous avions vécu cette expérience en personne. Nous devons nous efforcer de rappeler de quelle façon cela a influé notre travail et nos relations.

L'empathie est une inclinaison, tandis que l'intelligence émotionnelle peut se développer à travers la pratique et l'immersion, la compréhension, la capacité analytique et la considération. Une personne peut être pourvue d'empathie ou bien manquer complètement d'intelligence émotionnelle : dans ce cas-là, elle aurait une capacité innée d'imaginer comment se sent quelqu'un d'autre, mais elle aurait, en même temps, de gros problèmes pour savoir comment agir correctement sur elle afin d'obtenir un résultat positif. Être empathique signifie que si une personne est tendue pour une de ses présentations ou un de ses nouveaux et importants projets de travail, vous ressentez aussi son angoisse.

Afin de mieux comprendre le rôle de l'empathie, imaginons un iceberg : les personnes autour de nous sont les pointes de cet iceberg. La portion visible est ce que nous *voyons* dans la vie de tous les jours, celle qui est sous-jacente, immergée, c'est en revanche ce que les personnes *ressentent*. Nous devons tenter de réussir à percevoir ce qui est *immergé* dans la vie des personnes, et découvrir ce qu'elles tentent de nous dire ou de nous cacher.

L'empathie fait partie, en tant que concept et capacité, de la catégorie de la conscience sociale : sans la capacité de réussir à comprendre ce qu'est en train de ressentir une autre personne, notre relation avec elle reste superficielle, frivole et approximative, sans la profondeur et la richesse qui survient lorsqu'en revanche, nous partageons une connexion émotionnelle. Sans empathie, vous n'arriverez jamais à construire ces connections émotionnelles qui rendent les relations uniques et intenses. Vous n'arriverez pas à vraiment prendre conscience d'une relation sous son intégralité si vous n'êtes pas muni de ce pouvoir de sentir ce que les autres ressentent.

Une vie sans empathie signifie un milliard d'occasions perdues. Sans empathie, les personnes ont tendance à vivre en ne considérant pas comment se sentent les autres ou ce qu'ils pourraient penser dans leur quotidien. Chacun d'entre nous, et à juste titre, a des perspectives différentes. Nous expérimentons tous le bonheur, l'anxiété, la tristesse, la joie, la souffrance, la gaité et la mélancolie. Et ce serait vraiment réducteur si nous nous limitions à n'observer que notre perspective. Imaginez vivre toute votre vie assis sur une chaise, sans pouvoir bouger votre tête à gauche ou à droite, et n'avez devant vous qu'un minuscule écran au travers duquel vous pouvez observer le monde qui vous entoure. C'est la même chose que de ne pas savoir se montrer empathique ou ne pas avoir d'intelligence émotionnelle : vous ne pouvez pas profiter pleinement des choses autour de vous. En vous ouvrant à l'empathie, vous vous ouvrez au monde extérieur de manière bien plus large que vous n'imaginez.

6. Comment réussir à être plus empathiques dans la vie de tous les jours

Voici certaines règles simples à suivre afin de réussir à améliorer sa propre empathie dans la vie quotidienne :

1. *Mettez-vous dans la peau de l'autre personne*

Lorsque nous sommes complètement étrangers à une quelconque situation, il est facile de commenter et de porter des jugements à ce sujet. La plupart du temps, nous nous retrouvons à dire des phrases comme : « Cela ne me semble pas un problème si difficile », « Je ne comprends pas pourquoi tu te sens comme ça » ou bien « Tu es en train de réagir de façon exagérée ».

Nous devrions faire un effort et nous mettre dans la peau de l'autre personne afin de réfléchir un peu. Elle est peut-être en train de subir de grandes souffrances et elle se retrouve en difficulté. Peut-être que dans un autre secteur de sa vie, elle est en train de vivre de profondes problématiques, ou bien il y a des problèmes liés à son passé qui l'ont amenée à se comporter de cette façon. Si nous ne connaissons pas les détails complets des problématiques des autres, comment pouvons-nous en tirer une conclusion ?

Imaginez d'être cette personne et d'être en train d'affronter ce problème en ce moment : essayez de comprendre les choses depuis sa perspective. Cela vous permettra de vous connecter de manière optimale avec ses émotions et avec son point de vue.

Attention avec ce conseil néanmoins : nous ne pouvons jamais comprendre "pleinement" ce que la personne ressent, simplement car nous n'avons pas vécu la même vie qu'elle et ne nous trouvons pas dans son cerveau. Dans l'empathie, évitez de dire « Je sais exactement ce que tu ressens », car le fait est que non, vous ne savez pas exactement ce que cette personne ressent. C'est un piège dans lequel il est facile de tomber, mais nous découvrirons les techniques de langage dans un prochain chapitre.

2. *Montrez votre attention et votre préoccupation*

Lorsque quelqu'un vous confie un problème personnel, il est probable qu'elle ne se sente pas très bien et qu'elle ait besoin de votre réconfort et de votre soutien émotionnel. À ce moment-là, vous devrez montrer toute votre attention et votre préoccupation. Pour commencer, même un simple « Comment ça va ? » suffira pour montrer votre intérêt. « Je peux faire quelque chose pour toi ? » est une autre excellente façon afin de montrer votre soutien envers l'autre personne.

La communication est très importante, et il est utile de savoir quels sont les médiums préférés de votre interlocuteur. Peut-être que cette personne sera plus à l'aise pour vous parler de ses problèmes par sms, ou peut-être a-t-elle besoin d'être face à vous pour pouvoir discuter. N'hésitez pas à offrir à l'autre de se voir à l'extérieur autour d'un café ou d'un chocolat chaud pour discuter. Certaines personnes ne souhaitent simplement pas parler, ou ont besoin d'un certain moment pour communiquer ce qu'elles sentent de manière adéquate. Dans ces moments-là, enlacez-les si vous êtes assez proches, ou laissez-les savoir que vous êtes disponible à n'importe quel moment du jour ou de la nuit dès qu'ils seront prêts à parler de leurs soucis.

3. *Reconnaissez les émotions de l'autre*

Dans la communication actuelle, l'un des problèmes majeurs, pour ce qui concerne la communication, c'est que beaucoup de personnes n'arrivent pas à reconnaitre les sentiments des autres. Ceci est pourtant un aspect crucial. Reconnaitre les sentiments d'une personne signifie en reconnaitre l'importance.

Par exemple, un de vos amis pourrait dire : « Aujourd'hui je suis très fâché avec Michelle. » Reconnaitre le sentiment de cette personne signifie de lui demander « Pourquoi es-tu fâché ? » ou dire « Je suis désolé que tu te sentes comme ça. Que s'est-il passé ? ».

Lorsqu'une personne exprime une émotion, et celle qui l'écoute se limite à répondre avec « Détends-toi » ou bien avec « Cela ne me semble pas un gros problème », vous êtes tout simplement en train d'éloigner de lui la capacité à ouvrir le dialogue.

Lorsque vous utilisez des phrases de ce genre ou vous essayez d'éviter le sujet, vous n'êtes pas en train de reconnaitre, et encore moins de *respecter*, les émotions de l'autre personne. Vous devez penser aux émotions comme à de grands et fondamentaux points de connexion dans une conversation. La façon dont vous répondez à une émotion est fondamentale afin de faire comprendre à l'autre personne si continuer à partager avec vous cette émotion ou si mettre fin à la conversation. Lorsque quelqu'un exprime une émotion avec vous (« Je suis fâché », « Je suis triste »), reconnaissez l'importance de son émotion et demandez-lui la raison pour laquelle cet état d'âme est présent. Pour ce faire, la communication non-violente est extrêmement utile afin de ne pas accroître le sentiment d'énervement de la part de l'autre. Ne prenez pas parti non-plus en allant dans le sens de votre interlocuteur, car ceci ne fera que de renforcer ce sentiment d'énervement ou de tristesse.

4. *Posez des questions*

Les questions font avancer les conversations et se

fondent pour la plupart sur elles. Lorsque quelqu'un a le courage de s'ouvrir en parlant d'un problème personnel, et il partage avec vous ses propres émotions, lui adresser des questions l'encourage à partager davantage. Réfléchissez sur ce que la personne vient de vous dire et posez-lui des questions pertinentes et importantes.

Admettons que Mario, votre ami d'enfance, vous confie qu'il vient de quitter sa fiancée de longue date, Lavinia. Demander « Que s'est-il passé ? », « Comment vas-tu ? » ou bien « Pour quelle raison c'est arrivé ? » pourrait l'aider à s'ouvrir et à se confier à vous. Demandez-lui plus d'informations, en lui disant que vous voudriez en savoir plus pour pouvoir l'aider à affronter au mieux une telle situation. Il sera bien disposé et il se sentira compris et accepté lorsqu'il saura que vous voudrez en savoir davantage.

Au contraire, répondre avec des observations anonymes et négligées, comme « Je comprends, j'espère que tu pourras bientôt te rétablir », « Se quitter est très normal » ou bien « Elle n'a jamais été assez bien pour toi de toute façon », non seulement ce n'est d'aucune aide pour votre ami, mais en plus, cela l'empêchera de s'ouvrir davantage à vous. En effet, de par ces remarques, vous bloquez la conversation car vous tentez d'agir dessus. En donnant votre jugement et vos remarques sur une relation que vous ne connaissez que de l'extérieur, vous bloquez tout le champ d'action que votre meilleur ami a eu avec la femme qui devait être celle de sa vie. Si vous tentez de réconforter quelqu'un en amoindrissant la situation, alors celui-ci se sentira mal à l'aise et n'osera plus parler avec vous dans le futur, car il eut l'impression de ne pas être entendu et compris. Ce qu'une personne cherche dans les coups durs, ce ne sont pas des conseils, mais une oreille à laquelle parler.

5. *Soyez comme un miroir*

Dans la vie de tous les jours, en s'envoyant de simples messages avec des amis et des connaissances, combien de fois sommes-nous tristes lorsqu'après avoir écrit un papyrus de plusieurs lignes afin d'expliquer notre problème intérieur, on nous répond par monosyllabes, ou bien avec un texte court de seulement deux lignes ? La même chose arrive aux autres lorsqu'après avoir lu un message avec un contenu profond, vous décidez de répondre seulement avec « Je comprends » ou bien « Ok ». Votre réponse est fermée, elle n'ouvre rien, elle ne mène à rien, tandis que l'autre personne est en train de s'ouvrir beaucoup et recherche un dialogue. Entre vous, la syntonie ne se crée pas, vous êtes sur deux fausses fréquences.

Mais il est possible de remédier à cela facilement. Dans des situations semblables, très fréquentes dans la vie de tous les jours, il faut recourir à la technique du miroir. De quoi s'agit-il ? La technique du miroir est une technique avec laquelle on imite les signaux non verbaux de quelqu'un – ses gestes, ses expressions, ses comportements ou ses attitudes – afin d'arriver à construire une relation. Le but n'est pas celui de copier quelqu'un, c'est de plutôt utiliser une telle capacité afin de construire une relation. Utilisez ses gestuelles, le rythme de sa voix. Ceci est une méthode efficace pour que l'autre se "voie" inconsciemment en vous et soit plus prompt à vous parler. Par exemple, si Filippo partage avec vous un fait personnel avec lequel il ne semble pas être à l'aise, vous pourriez faire pareil en partageant à votre tour un fait personnel (évidemment, cela doit être quelque chose de pertinent). En utilisant la technique du miroir, vous devez régler votre comportement en fonction de celui des autres, à leur ton et à l'ambiance générale de la conversation.

Vous vous rencontrez avec Filippo pour boire un café dans la matinée et, en parlant d'un fait personnel, il détourne son regard par honte ? C'est simple : détournez-le aussi ! N'ayez pas peur de jouer au Petit Prince de Saint Exupéry, à la recherche de l'apprivoisement de ce renards. Cela prendra du temps, mais ceci est nécessaire pour construire un terrain de discussion neutre et dans lequel les deux partis se sentent en sécurité.

6. *Ne vous précipitez pas trop dans la conversation*

Une grosse erreur que les personnes commettent souvent lorsqu'un de leurs amis ou une de leurs connaissances est en train de partager un problème est celle qu'elles passent, tout à coup, à la partie finale de la conversation. Imaginons que votre amie Paola vous dise qu'elle vient de se faire renvoyer. Vous décidez de lui répondre « Je comprends. J'espère que tu arriveras bientôt à trouver un autre travail ». Cette réponse est une grosse erreur. Pourquoi ? Tout d'abord, Paola – ou n'importe quelle autre personne qui est à sa place – pourrait se sentir blessée et démoralisée, car elle a reçu une réponse "fermée" et pas du tout adapté. Paola n'est pas triste car elle ne trouve pas de travail, elle est triste car elle s'est faite virer ! La chose plus empathique que vous puissiez faire à ce moment-là, et qu'il faut faire toujours comme première étape, c'est de vous assurer que l'autre personne se sente comprise. De plus, actuellement, le marché du travail n'est pas dans une des situations les plus réjouissantes. Répondre à Paola qu'elle trouvera bientôt un autre travail, ce serait comme remuer le couteau, puisque cela pourrait lui rappeler l'incertitude qui l'attend. En lui disant cela, vous ouvrez un autre problème : celui de la difficulté de trouver un travail.

Essayons de revenir en arrière. Qu'est-ce qui pourrait vraiment aider Paola ? Ce qui pourrait l'aider vraiment est que vous, en premier lieu, vous arriviez à vous connecter avec son état émotionnel ; deuxièmement, vous devriez arriver à l'ébranler en lui posant des questions et en l'encourageant. En ce qui concerne l'exemple de Paola qui perd son travail, une excellente façon pour se rapprocher à la conversation serait de lui poser des questions, dans cet ordre :

« Je suis désolé que quelque chose de ce genre te soit arrivé. Que s'est-il passé ? »

« Comment te sens-tu maintenant ? » ;

« Comment envisages-tu ta nouvelle vie ? ». Si elle est déjà en train de chercher un autre travail, vous pouvez utiliser : « Quel type de travail es-tu en train de chercher ? Puis-je t'aider de quelque façon ? »

Selon votre dialogue, vous pouvez insérer d'autres questions dans la conversation.

Continuons avec un autre exemple : Paola vient de se faire quitter par Filippo, après deux ans de relation. Lui dire, « Sois heureuse parce que désormais tu peux faire ce que tu veux », n'est pas la bonne réponse ; ce n'est pas sensible puisque cela minimise le chagrin de l'autre personne. En revanche, posez des questions plus spécifiques et essayez de vous concentrer sur l'autre : au lieu de demander « Comment te sens-tu ? » ou « Tu vas bien ? », essayez avec « Tu veux en parler ? » ou « Que s'est-il passé ? », étant donné que ces deux dernières questions pourraient momentanément aider à s'éloigner du chagrin. Laissez la discussion ouverte et n'essayez pas de savoir ce qui s'est réellement passé, car ceci peut remuer le couteau dans la plaie. Les questions ouvertes sur les sentiments de l'autre et l'était d'esprit dans laquelle la personne est en ce moment-même va l'aider à ne pas se projeter ni dans le passé ni dans le futur, mais cela laisse la place pour que les sentiments se développent et que la discussion s'ouvre.

Même si vous étiez pourvu des meilleures intentions du monde, dire à quelqu'un d'être heureux le rendra difficilement ainsi ; au contraire, cela révèlerait à quel point vous êtes en train de reconnaitre peu son chagrin. Vous êtes en train de nier sa souffrance et vous le feriez se sentir en faute, comme si son chagrin n'était pas justifié ou réel. Essayez de vous calmer et de vous syntoniser sur la fréquence de l'autre personne, sans vous précipiter pour arriver à la conclusion de la conversation. Mettez-vous dans la peau des autres et essayez de comprendre comment ils se sentent.

7. *Ne jamais juger*

Règle fondamentale : le jugement détruit n'importe quelle conversation, en l'interrompant pour toujours. La même règle vaut pour le préjugé, qui implique tout simplement que vous êtes en train de formuler votre opinion par rapport à un évènement, à une personne ou à une situation avant d'avoir reçu des informations fondamentales à ce sujet.

Pour donner un exemple, supposons que votre ami Mario se soit disputé avec son patron pour une raison futile et vous pensez que son patron a raison, étant donné que votre ami est souvent exposé à des crises. Ou bien, votre cousine Flavia a raté son examen de droit pénal et vous imaginez que ce soit arrivé parce qu'elle n'a pas assez révisé. Il est possible que Flavia ait eu des problèmes familiaux qui l'ont conduite à négliger ses études afin de s'occuper de sa famille. La même chose peut valoir pour votre ami Mario. Laissez vos visions du monde de côté, car, encore une fois, vous ne vivez pas la même chose que ces gens vivent. Certes, vous auriez fait les choses différemment si vous étiez eux, mais cette remarque n'amènera à rien, si ce n'est montrer que vous croyez faire tout mieux que les autres. La meilleure façon d'affronter n'importe quelle situation est de ne pas juger. Vous devez toujours donner le bénéfice du doute aux personnes. Nous tous, dans notre vie, sommes submergés par des problèmes et des situations inconfortables, nous affrontons des angoisses à des craintes : nous sommes tous pareils ; nous nous efforçons tous de faire au mieux pour nos vies, dans les capacités de ce que nous pouvons faire, avec notre bagage émotionnel et les choses mises à notre disposition en cet instant-même. Donc, pourquoi juger les autres ?

8. *Montrez toujours votre soutien émotionnel*

La dernière chose, c'est de montrer son soutien émotionnel. Que veut-on dire par là? Cela semble très simple au premier abord: donnez du soutien émotionnel aux personnes, montrez-vous généreux et soyez débordant de confiance et de disponibilité. Encouragez vos amis et vos connaissances à ouvrir la discussion sur n'importe quel sujet. Faites-lui comprendre que, malgré tout ce qui nous arrive et qui pourra arriver à l'avenir, vous serez toujours disponible pour les aider dans les moments difficile. C'est ce que font les vrais amis. Dites-leur : « Quoi qu'il arrive, je suis là pour toi ». Parfois, dans des situations compliquées, tout ce dont les autres ont besoin c'est d'un peu de réconfort, pas de réponses ou de solutions. Les personnes à vos côtés pourraient avoir seulement besoin de soutien et d'empathie.

Dans un monde comme le nôtre, plein d'incertitudes, de souffrance et de peur, il est fondamental qu'il y ait encore quelqu'un qui arrive à montrer aux autres de l'affection, de la confiance et de la considération, sans aucun préjugé. Cette personne pourrait être bien vous.

Tout ceci est une grande chance, vous ne trouvez pas ? Pourquoi attendre encore avant de commencer à vivre avec la doctrine de l'empathie ? Cette capacité a permis à nos ancêtres, il y a des millions d'années, de coopérer pour la survie communautaire et a contribué au développement de la communication, en permettant à notre espèce de se développer et de créer des concepts comme la collectivité, le groupe et l'union. Ne l'oublions pas.

Une vérité absolue à laquelle on ne peut pas faire abstraction, c'est que l'empathie demande un énorme effort mental : il s'agit de se mettre dans la peau de quelqu'un d'autre, chose qui, même métaphoriquement, n'est pas négligeable. L'empathie, comme nous l'avons vu, peut-être encouragée. Voyons un dernier exemple.

Deux universités américaines ont organisé une série d'expériences où elles montraient à des personnes, individuellement, deux jeux de cartes, représentant des visages d'enfants réfugiés. Puis, on leur demandait de choisir à partir de quel jeu elles préféraient piocher : si elles choisissaient le premier, on leur demandait de décrire les enfants représentés sur les cartes qui avaient été piochées ; si c'était le second jeu, où il y avait aussi des photos d'enfants qui souriaient, on leur demandait de ressentir de l'empathie pour ceux qui étaient représentés. Le résultat ? Les personnes ont pioché du second jeu seulement à un faible pourcentage (moins de 40%), en préférant de loin le premier jeu qui n'exigeait aucun type d'effort mental. À la question sur pourquoi ils avaient préféré un tel jeu, la plupart a admis de ne pas avoir voulu mener une tâche plus difficile, comme il était demandé dans le second cas.

Par la suite, on a fait croire aux volontaires de posséder un talent empathique perçant, profond et particulier : à partir de ce moment, ils ont tous été plus disponibles à tenter d'imaginer la vie de parfaits inconnus, en piochant aussi dans le second jeu de cartes.

Vous êtes en train de vous demander quel est la morale de cette expérience ? Grâce à celle-ci, il a été démontré à quel point l'empathie peut être essentiellement incitée à travers des petites suggestions : si nous hésitons par rapport au fait de posséder ou non cette capacité, nous pouvons nous l'auto-suggérer, en nous confiant certaines tâches faciles, en pensant les mêmes choses d'une autre manière, plus fructueuse et empathique. Après tout, la première étape à faire lorsque nous faisons ce type d'activité, c'est de nous convaincre nous-mêmes que nous avons cette capacité, et que celle-ci va nous aider à faire le bien parmi nous.

Voici quelques exemples de mise en pratique si vous souhaitez développer votre intelligence émotionnelle. Imaginons que vous deviez réaliser un travail de groupe dans le cadre éducationnel ou professionnel. Dès qu'une tension émerge, vous pouvez mettre vos connaissances en pratique, autant vocalement que silencieusement.

La première expérience serait d'analysera la salle lors de tension et de résolution de conflit. Observez qui a les mouvements corporels les plus amples, qui se met à prendre le contrôle de la discussion ou du projet, et par quel moyen (s'il est agressif, autoritaire, ou s'il a une bonne capacité de leadership et qu'il encourage ses collègues à travailler à l'unisson) Observez qui va suivre cette personne, ou qui va se montrer rebelle et tenter de saboter les idées des autres. De par ce côté observateur, vous arriverez à vous mettre à la place de chacun des individus présents, et tenterez de comprendre leurs motivations derrière leurs actions et leurs paroles.

La seconde expérience serait d'être actif dans la résolution de conflit. Ceci nécessite peut-être un peu plus de pratique et de connaissance de gestion de conflit avant de se lancer dans l'aventure. Si une tension émerge entre deux (ou plusieurs) participants, vous pouvez mettre en pratique vos capacités de médiateur. Car le but ici ne sera pas de prendre parti, mais de tirer la situation vers quelque chose de meilleur. Vous pouvez donc demander à chacun des participants « Qu'est-ce qui vous fait sentir ainsi ? » , ou encore « Comment pouvons-nous faire pour résoudre ce conflit de manière efficace afin de mener le projet à bien ? » N'oubliez pas de ne jamais prendre parti (car vous ne le voulez pas), mais laissez la discussion ouverte et tentez de montrer aux autres que vous êtes à l'écoute, mais que le plus urgent est de terminer un travail collectif et non-pas défendre ses intérêts ou ses idées de manière inappropriée.

Vous l'aurez remarqué, nous pouvons exercer notre

intelligence émotionnelle et notre capacité d'empathie dans la vie de tous les jours afin d'entraîner ce muscle. Même en regardant un film, vous pouvez tenter de vous mettre dans la peau du personnage afin de comprendre ses motivations et son comportement. L'analyse d'un film n'en sera que pus excitante !

7. Contrôler ses émotions : un guide utile

Maintenant que nous avons largement analysé comment l'on développe l'intelligence émotionnelle, dans quels segments donnés, et nous avons approfondi l'importance de l'empathie, il nous semble fondamental de nous attarder sur un nouveau sujet : le contrôle de ses propres émotions.

Cela peut sembler un sujet banal à première vue : qui n'arrive pas à contrôler ses émotions ? Nous ne sommes certainement pas des animaux ! Pourtant, la réalité est bien différente. Pensons-y un instant : combien de fois, pendant une altercation avec un ami cher, nous avons été submergés par la colère et nous lui avons dit des choses que nous avons regretté par la suite ? Ou bien, avant un examen, l'angoisse s'est emparée de nous, en nous rendant impossible de le passer, même si nous étions bien préparés ?

Ainsi, si les émotions sont importantes, leur contrôle est fondamental. Vos émotions déterminent comment vous interagissez avec les personnes dans la vie quotidienne, comment vous passez vos journées, sur quoi vous décidez de dépenser ou pas votre argent, comment arrivez-vous à vous adapter aux changements, les défis et les nouveautés. Le total contrôle de vos émotions vous rendra mentalement plus fort. Heureusement, n'importe qui peut s'améliorer dans leur gestion. Comme pour n'importe quelle autre capacité – par exemple, jouer du piano – même le contrôle des émotions demande de la pratique et du dévouement.

Souvent, nous avons une idée claire de comment nous contrôlons nos émotions et nous nous confondons avec leur suppression : faire semblant de ne pas être triste ou d'ignorer la colère ne vous aidera pas à éliminer ces sensations. Au contraire, opprimer vos émotions pourrait vous conduire aussi bien à une aggravation de votre état mental qu'à développer des stratégies de défense malsaines, comme l'abus d'alcool ou de nourriture. Pire encore, ces émotions seront toujours présentes en vous et continueront de mûrir avant de ressurgir de manière démesurée un jour sans crier gare. La reconnaissance de vos émotions est fondamentale ; mais il est tout aussi important de reconnaitre que vos émotions ne vous définissent pas. Un matin, si vous ne vous réveillez pas vraiment de bonne humeur, radieux et énergique, vous pouvez toujours prendre le contrôle de votre humeur et révolutionner votre journée.

Avant de réussir à changer votre humeur, en revanche, il est essentiel que vous réussissiez à reconnaitre la raison de vos émotions : vous êtes nerveux, en colère ou triste ? Souvent, la colère cache d'autres émotions sous-jacentes, comme l'embarras ou la honte. Prêtez attention à ce qui se passe réellement en vous. Une personne ressent difficilement une seule émotion à la fois : probablement, ce que vous ressentirez sera le fruit de deux ou plusieurs émotions à la fois. Avant un examen, vous ne serez pas seulement anxieux, mais vous ressentirez aussi des émotions comme l'impatience et la frustration. Afin de réussir à contrôler pleinement les émotions, vous devrez les cataloguer, comme s'il s'agissait d'un pot de confiture fait maison, avec votre propre recette et vos propres ingrédients dont vous seul avez le secret. Effectivement, cataloguer les émotions peut vous aider à comprendre à quel point elles influencent votre vie, aussi bien en ce qui concerne les décisions importantes que pour les situations les plus banales. De plus, cataloguer les émotions peut vous aider à vider l'émotion-même de sa signification, en allégeant un peu vos pensées.

Saviez-vous que les émotions influent sur votre perception des évènements ? Pour vous donner un exemple : au travail, vous recevez un mail de votre patron qui dit de vouloir vous voir immédiatement. Si vous vous sentez anxieux, vous penserez tout de suite au pire, en imaginant que votre patron veuille vous renvoyer. Si vous vous sentez positif et joyeux, en revanche, en recevant le même mail, votre première pensée sera que votre patron veuille vous offrir un poste plus important dans l'entreprise ou une augmentation. Pensez aux filtres et prismes à travers lesquelles vous regardez le monde qui vous entoure et reformulez toujours vos pensées afin d'avoir une vision plus réaliste des choses.

Si avant d'arriver dans une nouvelle entreprise vous vous retrouvez à penser que ce sera un échec total, que personne n'approuvera vos idées, que personne ne vous parlera et vous passerez pour un parfait idiot, rappelez-vous de cela : il est de votre devoir de régler la suite des évènements. Votre pensée principale devra être : « Je concentrerai toutes mes forces dans ce travail, en essayant d'être ami avec d'autres personnes et en leur faisant percevoir mon fort intérêt envers cette entreprise. »

Parfois, la meilleure façon pour résoudre une situation complexe, dans laquelle nous nous sentons anxieux ou mal à l'aise, c'est d'acquérir une nouvelle perspective, en se demandant tout simplement « Qu'est-ce que je suggérerais à un ami s'il se retrouvait dans cette situation ? » D'autres fois, aider une personne à changer de perspective peut être utile afin de se focaliser sur ce qui est vraiment important ; de plus, se poser de telles questions aide à soustraire du problème une grosse implication émotionnelle. Si vous vous retrouvez souvent à ressasser sur des questions négatives et à vous attarder sur votre tristesse, cela pourrait vous aider à devoir chercher une nouvelle motivation, de façon que votre cerveau change, métaphoriquement parlant, la voie sur laquelle il s'est syntonisé. Vous vous sentez triste ? Ranger votre chambre ou bien effectuer une session d'activité physique légère pourrait immédiatement vous faire sentir mieux. En effet, ces petits efforts avec une récompense (même minime) à la clé aide votre cerveau à sécréter des endorphines, ces hormones du bonheur libérées à la plus petite occasion positive.

Lorsque vous êtes de mauvaise humeur, il est probable que vous restiez prisonnier d'activités qui conduisent à une répétition de cet état d'âme. Vous pourriez vous livrer à des comportements nocifs envers vous-même, comme l'isolement, utiliser votre téléphone sans arrêt ou bien vous plaindre constamment avec vos amis : ces attitudes, sur le long terme, pourraient devenir encore plus néfastes. Si vous voulez vous sentir mieux, vous n'avez qu'à réagir de manière positive, en vous éloignant de toute attitude et comportement qui vous fasse sentir bloqué.

Par exemple, pensez aux choses que vous faites lorsque vous êtes d'excellente humeur :

- Écouter de la musique joyeuse ;
- Appeler un ami et l'inviter pour boire un café ou prendre un verre chez vous ;
- Faire un tour tout seul ;

- Méditer ou faire du yoga ;
- Créer quelque chose avec vos mains, comme un gâteau, un bracelet ou un outil.

Vous pouvez essayer de faire ces choses lorsque vous n'êtes pas d'excellente humeur et vérifier personnellement le changement. Contrôler vos émotions ne sera pas toujours facile : certaines d'entre elles sauront vous accabler plus que d'autres, comme la colère et la tristesse. Avec le temps, cependant, vous vous rendrez compte que le contrôle sur vos émotions deviendra toujours plus fort. Vous développerez une plus grande confiance en votre capacité de gérer des émotions souvent considérées négatives, comme le malaise et le stress. En devenant plus conscient de la possibilité de faire des choix sains qui pourront changer votre humeur, vous deviendrez pleinement conscient de vous-même.

8. Pourquoi les émotions nous affectent autant ?

Les émotions jouent un rôle fondamental dans la façon dont nous pensons, nous nous comportons et également dont nous voyons le monde. Les émotions que nous ressentons chaque jour peuvent nous obliger à faire un choix plutôt qu'un autre, elles nous affectent par rapport aux décisions que nous prenons sur notre vie, aussi grandes ou petites qu'elles soient. Afin de comprendre à quel point elles sont importantes, il est essentiel d'en connaitre les principales composantes. Nous pouvons répartir une émotion en trois segments :

- Une *composante subjective* : comment vous, en tant qu'individu, vous vivez une certaine émotion ;
- Une *composante physiologique* : comment le corps arrive à réagir à cette émotion ;
- Une *composante expressive* : comment vous vous comportez en réponse à l'émotion même.

Ces éléments différents exercent une action déterminante sur vos réponses émotives. Vos réponses peuvent être éphémères, de courte durée, comme un éclair foudroyant de gêne pour un de nos collègues, ou bien s'implanter en nous, comme la tristesse lancinante après la fin d'une histoire d'amour. Pour quelle raison, les émotions influencent autant notre personnalité ? Quel rôle jouent-elles dans notre vie quotidienne ?

Selon le célèbre naturaliste Charles Darwin (1809-1892), les émotions sont des adaptations structurelles que les êtres humains et les animaux adoptent pour survivre et se reproduire. Lorsque nous ressentons une émotion comme la colère, il est plausible que nous soyons sur le point d'affronter la cause de notre colère. Lorsque nous ressentons de l'angoisse, de la crainte ou de la peur, il est très probable que notre première pensée sera celle de s'enfuir, de s'échapper de la menace qui plane afin de se mettre quelque part en sécurité. Lorsque nous nous sentons bien avec nous-mêmes et avons un sentiment de sécurité, une de nos pensées sera certainement celle de chercher un partenaire pour pouvoir nous reproduire.

Les émotions jouent un rôle de "coussin adaptatif" dans notre vie, en nous motivant à agir rapidement pour augmenter nos possibilités de survie et de réussite. Les émotions sont quelque chose d'ancien et d'éloigné qui se trouve en nous, qui relie les personnes que nous sommes aujourd'hui à nos ancêtres ayant vécu il y a des millions d'années.

Lorsque, pour un examen universitaire ou pour un concours, nous nous préparons en étudiant de manière obsessive, nous le faisons étant donné que l'angoisse que nous éprouvons influe sur notre comportement, donc, sur la façon donc nous allons livrer notre examen et pas conséquent sur sa note finale. Nous suivons un raisonnement très simple : pendant que nous nous préparons pour un examen, nous nous imaginons que celui-ci influera sur tout notre avenir. Et, justement parce que nous éprouvons de l'angoisse, donc une réponse spécifique émotionnelle, les probabilités d'étudier de manière approfondie et précise deviennent plus grandes. Etant donné que nous éprouvons cette émotion, nous avons reçu comme réponse la motivation d'agir et de faire quelque chose – dans ce cas, étudier – afin d'augmenter nos possibilités d'avoir une bonne note.

C'est peut-être évident, mais nous, les êtres humains, nous avons tendance à préférer certaines situations spécifiques à d'autres : nous prenons davantage en compte certaines actions parce que nous sommes certains que ces dernières amèneront des émotions positives, en réduisant ainsi la probabilité de ressentir des émotions négatives. Par exemple, dès que vous serez arrivé dans une nouvelle ville, vous aurez tendance à chercher des activités sociales ou des passe-temps qui puissent remplir vos journées de bonheur, de contentement et de joie, et vous éviterez des situations qui pourraient vous causer de l'angoisse, de l'ennui et de la tristesse. Vous allez trouver quelque chose, que ce soit un café, ou un endroit dans lequel vous aimez vous rendre, qui va vous faire sentir en sécurité. Ne vous rendez-vous pas toujours dans le même endroit, supposément par habitude, alors qu'au fond de vous, vous vous y sentez comme à la maison ?

De plus, lorsque nous interagissons avec d'autres personnes, il est fondamental de fournir des indices afin de les aider à comprendre comment nous nous sentons à ce moment-là. Ces indices peuvent impliquer l'expression émotionnelle à travers le langage du corps : nos expressions faciales sont connectées à des émotions particulières que nous sommes en train de vivre à ce moment-là. Après une conversation avec un ami, notre expression du visage pourrait produire un froncement de sourcils et une expression accablée, avec les lèvres pliées vers le bas.

En revanche, dans d'autres cas, nous pourrions interagir avec les personnes et affirmer directement comment nous nous sentons, sans laisser aucun non-dit. Lorsque nous sommes en bonne compagnie, il arrive de parler à nos amis sans fioritures, en leur déclarant notre état émotionnel, quel qu'il soit (tristesse, bonheur, joie, gaieté, excitation) ; dans ce cas, nous sommes en train de fournir des informations importantes que les autres peuvent utiliser afin d'agir envers nous d'une façon particulière.

Par ailleurs, exactement comme nos émotions qui fournissent des indications précieuses aux autres, les expressions émotionnelles des personnes qui nous entourent, qu'elles soient des connaissances ou des amis, sont universelles et nous fournissent les instruments nécessaires pour nous enrichir socialement. En observant autrui, nous arrivons à tirer des conclusions qui nous seront utiles même pour des personnes que nous ne connaissons pas, car celles-ci se retrouveront dans d'autres comportements humains. La communication sociale est fondamentale dans la vie de tous les jours, en plus que dans le déroulement et dans la croissance des relations quotidiennes, et il est essentiel qu'une personne soit en mesure d'interpréter et de réagir rapidement aux émotions des autres. À l'époque, cela dépendait de notre survie et de notre capacité à travailler en groupe.

Nous construisons des relations plus profondes et significatives avec les amis et avec les personnes chères, et nous répondons de façon appropriée aux pulsions émotionnelles des autres, grâce à la communication sociale. Cette dernière nous permet, de plus, de communiquer de façon efficace dans diverses situations de sociabilité et de convivialité, comme un serveur malpoli au restaurant ou avec un propriétaire grincheux d'un bar. En quelques mots, cette grande capacité inhérente en nous, nous permet de se déplacer convenablement dans le grand océan que représente la vie.

9. Comment contrôler notre réaction face à nos émotions

Nous sommes arrivés à un point crucial concernant l'explication de nos émotions : comment contrôler nos réactions face à celles-ci. Quelle meilleure façon de commencer à traiter le sujet, si ce n'est avec un exemple qui reflète parfaitement la vie de tous les jours ?

Cyril et Filippo sont de très bons amis. Ils se voient souvent, mais ils sont aussi très différents l'un de l'autre. Filippo n'a pas le moral constamment ; d'habitude, le plus petit des problèmes le met dans un tel état de frustration et de stress qui influe sur tout ce qui l'entoure : il se laisse abattre par les plus petits problèmes quotidiens, comme une longue queue à la poste, le trafic après avoir fini de travailler, la mauvaise humeur le matin, son collègue qui fait des blagues farfelues sur ses performances au travail. Son humeur et le peu de bonheur sont intrinsèquement connectés et directement influencés par ce qui arrive quotidiennement autour de lui. De son côté, Cyril ne se laisse pas irriter ou ennuyer par les choses. Il décide lui-même, constamment, comment il veut se sentir et a un bonheur beaucoup plus continu et linéaire par rapport à Filippo.

Si vous êtes en train de vous demander quelle est la différence principale entre les deux, la réponse est simple : le choix. Gérer vos émotions, en fait, n'est pas si compliqué ; il s'agit seulement d'une question de choix. Vous voulez ou vous ne voulez pas le faire ? Des millions d'essais, d'articles et de livres sur les émotions et sur comment les gérer de façon efficace et fonctionnelle ont été écrits, pourtant, encore beaucoup de personnes n'arrivent pas à contrôler ce secteur de leur vie. Comment est-ce possible ?

Avant tout, sachez qu'aucun livre, séminaire ou blogs n'arrivera à vous faire contrôler vos émotions si vous ne faites pas vous-même l'effort. Sachez néanmoins que ce n'est pas une mince affaire, et que tout ce que vous mettrez à votre disposition pour ce faire vous aidera dans cette tâche. Gouverner les émotions de façon efficace est exactement comme développer une capacité manuelle, comme jouer du piano ou avoir une habitude. C'est une façon pour faire quelque chose de mieux. En tant qu'êtres humains, nous luttons beaucoup contre le changement dans nos vies, car les changements impliquent la perte de confort et la fin de quelque chose ; pour cela, il nous est difficile d'adopter une paire de lunettes toutes neuves avec lesquelles regarder le monde. Changer la façon dont vous faites d'habitude quelque chose n'est pas simple ; ceci est encore plus difficile lorsqu'il s'agit de la gestion des émotions, surtout des vôtres.

Lorsque nous nous sentons tristes, fâchés et nerveux, la dernière chose que nous voudrions faire c'est de nous calmer et essayer d'affronter la situation de façon rationnelle et efficace ; la plupart du temps, nous voudrions seulement continuer à nous plaindre de ce qui nous contrarie, ou bien nous défouler d'une autre manière, puisque penser activement à notre problème exige beaucoup plus d'efforts et un effort mental considérable. La réaction de se plaindre ou se morfondre est très naturelles, car notre cerveau reptilien tente de nous faire revivre le danger sans arrêt. Néanmoins, il n'en tient qu'à nous de nous sortir de ce sentiment et de reprendre le contrôle sur ce que nous vivons et la façon dont nous ressentons nos émotions.

En comprenant un peu comment fonctionnent nos sentiments, nous obtenons une meilleure position dans laquelle nous pouvons bénéficier de ces informations afin d'agir au mieux. Apprendre à contrôler la réaction face à nos émotions peut être l'une des meilleures capacités que vous développerez dans toute votre vie, dans la mesure où elle vous aidera constamment et chaque jour. Comme nous avons expliqué précédemment, vos émotions portent aux actions que vous entreprenez et, donc, comme si elles composaient un énorme écheveau, elles sont liées à la façon dont vous faites avancer votre vie et à votre façon de la façonner selon le modèle que vous désirez.

Précédemment, nous avons évoqué à quel point nos émotions sont toujours un résidu primitif de l'être humain qui habitait cette planète il y a des milliers d'années, et nous essayerons maintenant de mieux le mettre en exergue. Notre partie du cerveau dédiée aux émotions et aux pulsions est le système limbique, une de ses composantes plus anciennes. Si nous comparons le système limbique avec la partie dédiée à la pensée, le cortex préfrontal, la science nous vient en aide en affirmant que le premier est beaucoup plus ancien par rapport au second. Étant donné que le système limbique est plus ancien, et que celle-ci est une partie extrêmement puissante du cerveau, il est utile de voir à quel point nous nous sentons parfois la proie de nos émotions, parce qu'il nous semble qu'elles mènent et détournent nos pensées. De plus, petite curiosité, la partie de notre cerveau dédiée aux émotions est six milliards de fois plus active par rapport au cortex préfrontal ! Lorsque l'on dit que le cœur a ses raisons que la raison ignore, il faut croire qu'il y a une touche de vérité là-dedans !

Le cœur du problème est celui-ci : il y aura toujours un moment où il vous semblera que les émotions sont en train de détourner votre pensée – c'est inéluctable – mais il y a aussi beaucoup de façons pour affronter cette sensation et pour éviter que cela ne prenne le contrôle sur vous-mêmes.

Pour revenir au discours précédent, essayons d'analyser ce que vous pouvez faire pour ne pas être complètement passif dans cette situation. Refouler un sentiment ou ignorer l'une de vos émotions à un moment donné ne vous sera pas bénéfique. Peut-être sur le court terme, vous vous sentirez mieux, mais cela ne fera que d'augmenter votre sentiment, qui va toujours finir par ressurgir. L'angoisse et le stress dérivent justement d'émotions refoulées ; si vous pensez réussir à gérer vos émotions simplement en les ignorant, vous êtes en train de commettre une grosse erreur.

Pour contrôler vos réactions aux émotions, il y a au moins quatre passages à affronter : en les suivant dans le bon ordre vous arriverez à résoudre efficacement chaque situation que vous pourriez devoir affronter au cours de votre vie.

1. *La conscience représente tout*

Si dans une situation difficile il vous semble d'être en train d'exagérer ou d'être excessivement dur avec vous-même, si vous n'avez pas la conscience d'avoir raison ou d'avoir tort, comment pouvez-vous tenter de gérer vos émotions ? Il serait impossible de faire différemment. Commencez à identifier vos émotions. Parfois, il sera difficile d'essayer de comprendre ce qui est vraiment en train d'arriver en vous, mais cette auto-analyse vous aidera à avoir une plus grande clarté, un fait qui est essentiel afin de continuer à vivre sa vie. Essayez de prendre une position neutre en comprenant vos émotions : elles sont les indices de ce que votre cerveau est en train d'essayer de vous dire. Vous êtes en train de ressentir ce que vous ressentez et ceci est une bonne indication afin d'arriver à avoir une plus grande conscience de soi, en atteignant un certain niveau de sagesse.

2. *Changez de perspective*

Après avoir géré consciemment votre émotion, une fois que vous vous retrouverez dans un état d'âme plus calme, détendez-vous et permettez aux réseaux neuronaux plus lents du cortex préfrontal de passer à l'action : de façon automatique, votre côté émotionnel sera très tôt rejoint par celui rationnel. Une caractéristique essentielle de la région préfrontale est l'empathie cognitive : la capacité d'entrer dans le monde d'une autre personne et d'imaginer comment cela serait de vivre sa vie, à travers ses peurs, ses espoirs et ses expériences, en vous mettant dans sa peau. Une excellente façon pour affronter de manière plus consciente le contrôle sur vos émotions est de toujours vous demander comment se sentiraient, au même moment et justement dans cette situation donnée, les personnes autour de vous. Cela vous aidera à sortir de vos propres pensées, même momentanément, et de la situation où vous êtes bloqué, en vous faisant adopter une position extérieure et donc plus rationnelle.

3. *Demandez-vous quelle serait la possible solution au problème*

Une fois que la raison d'une émotion est découverte, que pouvez-vous faire afin de reprendre le contrôle de vous-même ? Parfois, vous pourriez devoir changer la façon dont vous êtes en train d'affronter la situation, en pensant activement d'un autre point de vue. Vous le savez également, désormais, que vos pensées conduisent directement à vos émotions. Donc, si vous n'avez pas le moral et vous êtes pensif, probablement, il faut chercher la raison dans la pensée négative en vous, ce qui vous fait sentir vraiment ainsi. Si vous commencez à penser aux autres scénarios possibles de la même situation, aux autres perspectives d'où examiner le problème, vous commencerez à vous sentir immédiatement mieux.

Ce sur quoi vous vous concentrez s'étend toujours, même si lentement, à l'intérieur de vous. Parfois, la rationalité nous vient en aide : en comprenant pourquoi vous vous sentez d'une certaine manière, vos émotions commenceront à diminuer, simplement parce que la compréhension amène automatiquement à être plus calme à l'intérieur. La partie rationnelle du cerveau et le système limbique coopèreront pour vous aider à arriver à un moment d'introspection objective.

4. *Choisissez avec attention comment réagir*

Nous allons commencer avec la partie indiscutablement plus difficile. Vous êtes au courant du fait que la façon dont nous réagissons et nous gérons nos émotions est seulement une habitude. Vous voyez ce type de personne qui pète les plombs pour rien, qui s'énerve pour tout à n'importe quelle petite occasion ? La personne constamment nerveuse ? Parfois, vous vous sentez presque triste pour elle et pour sa façon de réagir. Ce type de personne a pris lentement l'habitude d'associer une situation qui ne lui plait pas comme une menace, et dès lors elle ne sait que réagir d'une façon démesurée. Ses émotions l'ont détournée vers une insatisfaction perpétuelle et générale qui tenaille n'importe quelle chose de sa vie quotidienne.

Apprendre à écouter vos émotions, à les identifier, à les comprendre et donc, à les choisir et à les accepter n'est pas une capacité sportive que vous pouvez décider de pratiquer deux fois par semaines avant de dîner. Nous pourrions dire que, exactement comme pour la pratique du sport, le contrôle des réactions à vos émotions est effectivement un effort que vous faites afin d'améliorer votre vie, votre espace mental, mais c'est aussi une discipline continue, une capacité essentielle à effectuer chaque jour, constamment. Ce n'est pas une activité facile – vous l'aurez sûrement compris par vous-même – et c'est justement pour cela que beaucoup de personnes, après avoir fait quelques efforts, abandonnent. Ceci nécessite beaucoup d'efforts, d'entraînement, comme un muscle que l'on souhaite développer, dans l'objectif de pratiquer un sport spécialisé.

En revanche, sachez qu'une fois que vous serez en mesure de contrôler habilement vos émotions, votre vie changera considérablement, de façon à se révéler presque surnaturelle. Vous vous sentirez non seulement plus puissant, sage et en contrôle de vos émotions, mais vous serez aussi plus serein et plus sain dans vos pensées, dans la mesure où des sentiments comme la tristesse et l'agressivité ne vous entraineront plus vers les émotions négatives. Vous vous connaîtrez mieux et saurez comprendre et reconnaître l'émergence de nouveaux sentiments, en sachant les traduire dans un langage adapté. De cette façon, mieux vous vous connaîtrez, plus vous aurez confiance en vous et saurez agir face au monde qui vous entoure.

10. Comment se défendre face aux ''vampires émotionnels''

Après avoir réfléchi pendant longtemps et de façon approfondie sur comment, individuellement, nous pouvons contrôler nous-mêmes notre émotivité, surtout en relation aux autres, il est temps de commencer à gravir un sentier beaucoup plus tourmenté et difficile d'accès: c'est-à-dire, comment protéger nous-mêmes des autres. On sait que le monde n'est pas tout rose : cet ami particulièrement cynique qui se plaint sans arrêt, pourrait avoir un aspect bien plus négatif que vous ne le pensez sur votre sphère mentale et émotionnelle.

Généralement, ce genre de personne est appelée "vampire", un nom qui fera sûrement sourire quelques-uns. Lorsque nous pensons aux vampires, généralement, nous pensons aux monstres des films d'horreur ou à ces costumes d'Halloween avec de grandes fausses dents et autres attributs se voulant terrifiants. En fait, bien que les vampires aient été pensés comme des créatures fantastiques, ils sont pourtant bien réels et bien présents dans notre monde au quotidien, même s'ils ne ressemblent absolument pas à ce que nous nous attendrions. Ceux à qui nous faisons référence maintenant sont les bien-nommés « vampires émotionnels ».

Les vampires émotionnels sont ce type de personnes qui, présentes dans votre vie, semblent aspirer lentement, loin de vous, toute votre force vitale. Il vous semble de connaitre quelqu'un qui aspire l'énergie autour de vous, seulement en se retrouvant dans les environs ? Il y a quelqu'un dans votre vie qui semble répandre de l'énergie négative où qu'il aille ? Vous vous sentez comme si on vous avait vidé émotionnellement après avoir passé du temps avec une de vos connaissances, un collègue ou un membre de votre famille ? Si vous avez répondu oui à au moins une de ces questions, cela signifie qu'il y a un vampire émotionnel dans votre vie !

Comme nous disions tout à l'heure, bien que les vampires émotionnels que vous pouvez rencontrer ne sont pas ceux présents dans les livres et les films – ceux qui sucent physiquement le sang – comme leurs semblables des films, ils peuvent cependant aspirer votre bonheur, votre énergie, et dans certains cas graves, même votre envie de vivre. Effectivement, au lieu de se nourrir du sang, ils se nourrissent de négativité. Lorsque vous avez affaire à ces personnes, il est pratiquement impossible d'atteindre le bonheur. Les vampires émotionnels ne sont pas des personnes heureuses, qui aident à apporter du bonheur dans leur vie et dans celles des autres : au contraire, ce sont le type de personnes qui ne sont jamais heureuses, à part dans un seul cas, c'est-à-dire lorsque toutes les personnes qui l'entourent sont malheureuses à leur tour, inconsciemment ou consciemment. Ce sont des êtres sournois et manipulateurs, et ils peuvent réussir à user même la personne plus positive qui existe sur la surface de la Terre !

Pourquoi s'engager dans ce type de problématique ? Si vous pensez être une victime potentielle d'un vampire émotionnel, nous croyons qu'il est important de vous donner tous les instruments utiles afin de réussir à vous protéger, avant qu'un parmi eux ne vous épuise émotionnellement. Malheureusement, pas tous les vampires émotionnels ne sont pareils : il en existe différents types, et il est essentiel de comprendre avec quel type de vampire on a affaire, de façon à pouvoir développer au mieux sa stratégie défensive émotionnelle qui fera bouclier contre toute leur négativité.

Les vampires émotionnels, malheureusement, peuvent revêtir beaucoup de formes, et sont donc difficiles à cerner au premier abord. Dans les prochaines pages, nous analyserons les plus célèbres et répandues :

- Le *type narcissique* ;
- Le *type victime* ;
- Le *type qui contrôle* ;
- Le *type critique* ;

- Le *type coupé en deux*.

Un vampire émotionnel peut s'identifier avec un seul type ou, dans certains cas, ces macro-catégories peuvent se chevaucher. Par exemple, un vampire émotionnel pourrait être aussi bien critique que victime. Il pourrait y avoir aussi des cas de vampires émotionnels, faisant partie de notre vie, qui ne rentrent pas dans une catégorie définie : la seule certitude est que, dans certains cas, celui qui vous vide émotionnellement doit toujours être considéré comme un vampire émotionnel.

11.   Le type narcissique

Le premier type de vampire émotionnel que nous analyserons sera le *type narcissique*. Ces vampires émotionnels sont profondément convaincus d'une seule et simple idée : le monde tourne autour d'eux. Ils se mettent eux-mêmes et leurs besoins avant tous les autres, et refusent d'adopter les instruments pour entrer en contact avec autrui émotionnellement, comme l'empathie : ils ne voient jamais rien du point de vue de quelqu'un d'autre. En manquant de courage, ils n'assument jamais la responsabilité de leurs propres actions, mais ils arrivent quand-même à critiquer les autres pour tout et n'importe quoi. Ce sont souvent des personnalités excentriques, avec la folie des grandeurs, à la recherche constante de l'attention des autres. Ils peuvent être des personnes très intelligentes, brillantes et pourvues de grand charme, en particulier lorsque vous faites leur connaissance et que vous les rencontrez les premières fois, mais elles se retourneront contre vous dès que vous leur donnerez un minimum d'attention en moins.

Une personne peut se sentir attirée et fascinée par un vampire de type narcissique pour les raisons indiquées ci-dessus : ils sont charismatiques, brillants et excitants. Une personne psychologiquement saine et empathique pourrait même trouver flatteur qu'un vampire narcissique la veuille dans sa vie, et se sentir honoré par ses attentions. Le vampire narcissique, à travers des actes de manipulation, est en mesure de façonner la personne empathique, en la conduisant à croire que, sans sa présence, sa vie serait ennuyeuse et dénuée d'attention.

S'aimer soi-même est fondamental dans la vie, mais dans le cas du vampire narcissique tout est poussé à l'extrême ; c'est une personne dénuée de la moindre forme d'empathie. Le narcissique veut être sous le feu des projecteurs durant tout le temps mis à sa disposition et il a faim de l'admiration des autres parce que, selon son point de vue, il la mérite plus de n'importe qui d'autre. Selon le narcissique, toute cette attention est son droit.

Le manque total d'empathie du narcissique indique aussi un acte essentiel dans la vie de tous les jours : son incapacité à donner de l'amour inconditionnel. Oubliez un commentaire sympa à votre égard, sauf s'il cherche à soutirer quelque chose de vous ! Si vous y réfléchissez, tout cela a du sens selon son point de vue, étant donné que tout l'amour disponible lui est déjà été réservé : il n'y a aucune place pour les autres. Le narcissique a tendance à devenir froid, évasif et extrêmement réservé lorsque les choses ne se déroulent pas selon ses plans. De plus, vous pouvez être certains qu'il n'hésitera absolument pas à punir quiconque soit l'auteur, ou même le complice, de son propre échec.

Comment le reconnaitre ?
Tout d'abord, le narcissique, comme nous avons pu l'observer, veut toute l'attention pour lui. Lorsque vous êtes en train de parler, par exemple, votre conversation sera à sens unique, puisqu'il sera le seul à parler ; tous les autres devront écouter tout court. Vous ne pourrez rien faire d'autre : contrôler les messages ou jeter un coup d'œil à l'espace environnant sera interdit et perçu par le narcissique comme une insulte à son égard. Comment pouvez-vous seulement penser à vous distraire pendant qu'il est en train de vous raconter quelque chose de si important ? Durant les pauses de la conversation, de plus, le vampire narcissique vous regardera, en s'attendant à un compliment ou à quelque chose de votre part qui le gratifie.

Ce type parle trop de lui-même et il se vante sans relâche de ses réussites et des résultats qu'il a obtenu, même s'ils ont eu lieu il y a longtemps. Une conversation d'une heure peut se dérouler exclusivement en parlant, selon ses paramètres, de lui et de ses résultats. Ne soyez pas surpris si vous n'arrivez pas à parler ; si vous y arriviez, le type narcissique trouverait de toute façon un moyen afin de revenir rapidement sur son sujet préféré : qu'elle est fantastique et grandiose sa vie.

Le vampire narcissique veut avoir le contrôle de tout, lorsque vous êtes en sa compagnie. C'est déjà assez terrible qu'il désire que la conversation entière soit sur lui, mais cela ne suffit pas : il voudra également dicter ses conditions pour la manière dont vous passez votre temps avec lui et il s'attendra à ce que vous suiviez à la lettre ce qu'il dit. Après tout, il est parfait, et rien de ce qu'il dit pourrait être un peu moins que correct.

Comment l'éviter ?

La règle fondamentale afin de réussir à éviter efficacement un vampire narcissique est de ne pas être trop impliqué dans sa vie, voire de l'éviter à tout prix. Ensuite, il faut reconnaitre et accepter au préalable que ce type de personne n'aura jamais tendance à vous donner de l'affection pure, gratuite, non motivée et déliée de son propre égoïsme.

La conscience de cela devrait suffire à rester à l'écart d'individus de ce genre, mais, au cas où ils faisaient partie de votre cercle restreint d'amis, de votre famille ou de votre lieu de travail, il y aurait des conseils plus ciblés que vous pouvez suivre. Ne lui confiez jamais rien de profond et d'intime ; ne lui parlez pas de vos problèmes émotionnels et familiaux. Ils n'intéressent pas le narcissique. Il pourrait même être vexé par le fait que vous êtes en train de lui faire gaspiller du temps, lorsqu'il pourrait très bien vous raconter quelque chose, à son avis, de plus important. Vous vous sentirez déçu d'avoir gaspiller votre salive avec une telle personne. Afin d'éviter d'éventuels conflits et des querelles inutiles, caressez son égo avec un compliment, une fois de temps en temps : c'est la meilleure chose à faire afin d'essayer de l'éloigner le plus possible. Il ne s'agit pas d'un moyen pour fuir, mais seulement d'une méthode efficace pour apprendre à coexister avec une personne de ce genre. Afin de ne pas se laisser prendre par ses griffes, apprenez à le repérer rapidement pour ne pas tomber dans son piège. Repérez les signes qui pointent dans la direction d'une personnalité narcissique : constamment centré sur lui-même, flatteur, ne laissant pas la place aux autres de s'exprimer, sauf pour lui donner raison ou aller dans son sens. Ce type de personnalité semble inoffensif au premier abord, mais si vous vous laissez entraîner dans son monde, alors c'est là qu'il deviendra nocif pour vous et votre santé mentale. Restez loin des vampires narcissiques !

12.   Le type victime

Le second type de vampire émotionnel que nous analyserons est le *type victime*, cette personne qui agit constamment comme si le monde entier était contre elle. Tout comme le vampire narcissique, il n'assume jamais la responsabilité de ses actions ; tout ce qui se passe part du principe que ce soit arrivé à cause de la malchance ou de la volonté d'autrui.

Ces vampires émotionnels essaient sans arrêt de sembler des victimes aux yeux des autres, afin d'obtenir de la sympathie et de l'affection. Souvent, ils insistent sur le fait que les autres doivent assumer la responsabilité de les sauver de situations qu'eux-mêmes se sont créé tout seuls. Si quelqu'un ne devait pas intervenir afin de les sauver d'une injustice quelconque, même seulement perçue, ils essaieraient de se présenter ultérieurement comme des victimes.

Ses phrases préférées sont « Le monde est contre moi » et « Je suis tout seul contre tout cela ». Le vampire victime est malheureux et n'a aucun état d'âme de le montrer à tout le monde. Souvent, il veut que tout le monde sache à quel point il est profondément malheureux et mêlé à des situations horribles ou désagréables. Cette attitude de victime devient encore plus étouffante lorsqu'il commence à rejeter la faute sur n'importe qui, hormis lui-même. Le monde entier devient son bouc-émissaire : tout ce qui lui arrive, sa tristesse, ses journées tristes, ne sont pas liées à lui le moins du monde. Toutes les difficultés où il se retrouve dépendent toujours de quelqu'un d'autre. Le vampire victime insiste sans arrêt sur le fait que, si cela ne s'était pas passé comme cela, il vivrait heureux, serein et motivé. Avoir affaire avec une telle personne peut être assez déprimant et émotionnellement fatiguant. En effet, une personne pleine de bonnes intentions voudra lui remonter le moral, lui montrer les belles choses du monde, mais cela ne marchera jamais. Il semble toujours que le vampire victime a un filtre gris en face de lui. Et parfois, effectivement, des choses horribles se déroulent, des histoires complètement abracadabrantes qui ne peuvent arriver qu'à lui. Mais posez-vous la question : y a-t'il une raison derrière laquelle le vampire victime a les pires malheurs du monde qui lui tombent sur le coin du visage ? Ne récoltons pas ce que l'on sème ?

Le vampire victime refuse de reconnaitre que, en fait, ses problèmes et ses souffrances pourraient avoir été infligés ou générés par lui-même. Selon l'optique de ce type, ce n'est pas lui le coupable, mais le reste du monde.

Parfois, lorsque la situation se complique, le vampire victime refuse d'accepter ou de croire qu'il existe des solutions logiques à son problème. Vous pouvez faire n'importe quoi – jongler avec des conseils, lui donner des suggestions valables – mais ce sera fortement probable que même votre pensée plus raisonnable sera classée comme inutile par lui, ou validée de manière polie, mais jamais utilisée. La chose plus frustrante de cette relation est que, malgré tous les efforts que vous essayez de faire, jamais rien ne lui conviendra ; cependant, il continuera à s'attendre à votre sauvetage, comme si c'était votre responsabilité première de résoudre chacun de ses problèmes.

Comment le reconnaitre ?

Le vampire émotionnel de type victime n'est pas un des plus insidieux et difficiles à reconnaitre : il se complait dans l'auto-apitoiement et fait tout pour s'assurer que tout le monde connaisse ses malheurs et en soient les témoins. Sa vie professionnelle, sentimentale et familiale est constellée de drames ; il désire ardemment que vous sachiez chaque détail qui le concerne. Parler avec lui équivaut à regarder un accident entre deux voitures, d'un point de vue émotionnel. Des personnes de ce genre montrent constamment un manque de confiance général envers tout le reste du monde et elles traitent les autres comme s'ils étaient responsables de leur propre tristesse. On reconnait une personne qui a tendance à faire la victime, étant donné qu'elle ressent de l'amertume par rapport à tous ceux qui vivent, simplement, mieux qu'elle. Elle se montre parfois jalouse du bonheur des autres, tout en soulignant qu'elle ne peut pas avoir un bonheur similaire avant d'en égrainer les raisons. Pire encore, elle va même avoir tendance à complimenter le bonheur de quelqu'un avant de souligner que ce type de bonheur et de chance, elle, ne peut pas l'avoir. Cet espèce d'ascenseur émotionnel est très utile pour elle, car elle souligne le bonheur d'autrui avant de le fracasser à terre en montrant son propre désarroi.

Comment l'éviter ?
Vous arriverez à éviter de manière efficace une victime lorsque vous ne céderez pas à ses demandes d'attention continues et incessantes. Le type victime mettra tout en œuvre pour vous emporter dans son drame personnel : il vaut mieux réduire au minimum les interactions avec cette typologie de vampire émotionnel, afin d'éviter d'être impliqué dans son incessant auto-apitoiement.

Au cas où vous vous retrouverez à avoir affaire à un vampire victime, sans voies de secours ou d'échappatoires, vous devez configurer un minuteur. Pas un minuteur dans un sens métaphorique : lorsque votre conversation commencera, vous devrez clarifier à vous-même que vous pourrez l'écouter seulement pendant une période limitée. Ne soyez pas impoli, sinon vous pourriez devenir le fautif de la situation. Maintenez votre autodétermination solide et, malgré ses tentatives de vous illustrer à quel point sa vie est misérable, ne vous laissez pas influencer ou emporter. Seulement en gardant votre interaction avec le type de victime au minimum, vous pourrez vous sauver vous-même.

Sympathisez avec lui, mais ne cédez pas à son envie continue d'auto-apitoiement. Il suffira de lui dire : « J'espère de tout cœur que tu arriveras à résoudre tes problèmes. » Oui ! Le type de réponses préchauffées que nous vous disions de ne pas utiliser auprès de vos amis ! Pour une fois, celles-ci pourront se montrer utile ! Ne lui offrez pas de réel soutien ou des conseils à suivre, parce que ce n'est pas votre devoir de résoudre son problème : vous n'êtes pas son thérapeute, vous n'êtes pas payé pour cela ; de plus, en tant que personne adulte, vous ne pouvez même pas être son tuteur ou son parrain. Si vous ressentez du remord et souhaitez véritablement aider cette personne, vous pouvez faire un essai pour lui remonter le moral, de façon que, par la suite, vous ne vous reprochiez pas le fait de ne pas avoir agi afin de l'aider. Attention néanmoins : ne le faites que si vous savez que vous pouvez résoudre un de ses problèmes. Si la personne se plaint que quelque chose chez elle est cassé, lui causant des problèmes, et que vous savez que vous pouvez réparer cette chose, alors faites-le. Votre aide sera tangible et sera limitée dans le temps. Vous avez offert votre aide et avez résolu l'un de ses problèmes de manière efficace, vous pouvez dès lors vous distancier de tous les autres soucis dont vous n'avez aucun pouvoir dessus. Mais la recette la plus efficace reste de rester loin de ce genre de personnes.

Elles ne vous apporteront rien de positif, ni maintenant, ni dans le futur.

13.   Le type qui contrôle

Le *type qui contrôle* est un vampire émotionnel qui pourrait apparaître plus inoffensif par rapport aux autres, mais il ne faut quand-même pas lui faire confiance. Appartiennent à ce type de catégorie les personnes qui veulent à tout prix avoir le contrôle, à partir du moment où elle passe le pas de porte, sur n'importe quoi et sur chaque situation.

Généralement, ces vampires émotionnels ont un gros égo et ils pensent être meilleurs que tous les autres. Ils sont souvent autoritaires et manipulateurs, ils ont une opinion sur tout et ils considèrent que la leur est plus raisonnée et plus considérable que celle des autres. Vous avez un problème ? Il saura sûrement ce qui est mieux pour vous. Pourvus d'un sens de la justice très rigide, ces vampires émotionnels doivent dominer chaque situation. Ils peuvent être, par exemple, des figures parentales ou des conjoints qui aiment excessivement le contrôle, ou encore des patrons d'entreprise ou des leaders.

C'est vrai, personne n'aime ceux qui semblent tout savoir : nous sommes souvent jaloux de ces personnes, mais en même temps, il nous apparait absurde et impossible d'avoir cette rigidité à chaque moment de sa vie. Le vampire qui contrôle possède un désir véhément de dominer dans n'importe quel contexte : dans chaque milieu, il veut être celui qui fait la loi, et que les autres se plient à ses règles et ses idées.

En considérant sa forte attention envers la justice, le vampire qui contrôle est très rapide pour porter des jugements par rapport à n'importe quoi et n'importe quelle personne, fait qui, évidemment, pourrait représenter un problème à de nombreuses occasions. Très monsieur/madame je-sais-tout, il essaiera de faire savoir à tous quelles sont ses opinions, en les jugeant toujours meilleures que les vôtres. Informé sur tout ce qui se passe, il se sent constamment meilleur que les autres.

Si, malencontreusement, un vampire de ce genre devait se trouver dans votre environnement de travail ou dans votre cercle d'amis, et quelqu'un devait menacer sa réputation de « je-sais-tout », il mettra tout en œuvre pour le détrôner et récupérer le terrain perdu, en affirmant avec toujours plus de véhémence ses opinions et ses pensées. Quand il s'agit des problèmes des autres, le vampire qui contrôle devient particulièrement gênant : dans sa tête il y a cette idée innée de savoir ce qui est mieux pour vous, avant vous et beaucoup plus que vous. Cela peut sembler au premier abord comme quelqu'un qui souhaite apporter son aide et se montrer utile, mais en vérité plus il "aide", plus il fait en sorte que la situation soit sous son contrôle. De manière experte, il s'approprie la situation afin d'en avoir le pouvoir total et se sert d'autrui comme pantins dans ses manigances.

Comment le reconnaitre ?
Règle numéro un : le vampire émotionnel de type qui contrôle n'est jamais prêt à considérer les opinions différentes de la sienne. L'opinion des autres est toujours considérée incorrecte par lui, indépendamment. Ce type refuse de réfléchir sur ses propres raisonnements et n'admet en aucun cas d'avoir tort ; de plus, il essaiera toujours de vous faire accepter ses opinions par la force ou la ruse.

Le vampire qui contrôle est capable de discuter d'un problème ou d'une situation particulière sans arrêt, jusqu'à ce que vous craquiez vous-même, en acceptant le fait qu'il ait raison et que vous ayez tort.
Le type qui contrôle distribue des commentaires non demandés sur vos problèmes, pour ensuite vous insulter subtilement en disant que votre approche est erronée : selon son point de vue, la seule solution correcte est de suivre ses conseils.

Comment l'éviter ?
Soyez toujours confiant en vous-même et motivé. Lorsque vous avez affaire à un vampire émotionnel de ce genre, il est fondamental de parler et d'avoir confiance des propres opinions et considérations. Ne vous laissez

jamais impliquer dans ces discussions inutiles sur des détails. Faites toujours valoir vos idées et, surtout, acceptez le fait que, probablement, il ne sera pas heureux que vous ayez des opinions différentes des siennes. Le secret ici est de rester ferme sur vos décisions, quelles qu'elles soient. En prenant position et en ne lâchant pas, vous montrez qu'il est difficile de vous manipuler. Certes, ce vampire va essayer, mais plus vous poserez de barrières, plus vous vous montrerez hors d'atteinte, et le vampire va donc poser ses attaques sur d'autres potentielles victimes.

Ce vampire émotionnel fera tout son possible afin de contrôler la situation : vous ne devez pas vous sentir fautif si vous ressentirez le besoin de le garder en dehors de votre vie, du moins pendant un peu de temps. Consultez-vous avec lui seulement si cela est nécessaire. De plus, vous perdriez seulement votre temps si vous deviez décider de vous engager dans une longue conversation contre ses opinions : rien ne s'arrangera et vous gaspillerez beaucoup votre salive et votre temps ; le vampire émotionnel ne changera jamais son opinion à propos de quelque chose.

Si vous devez néanmoins rentrer en contact avec lui, alors le maître-mot est : restez fort. Soyez assertif, discutez attentivement avec lui afin de lui faire savoir quelles sont les idées qui bourdonnent dans votre tête. Réconfortez-le en affirmant que vous appréciez son opinion et ses conseils, mais restez tout de même très assuré de la solution que vous avez choisie.

Vous devrez inévitablement accepter de ne pas être d'accord avec cette personne. Lorsqu'il sera évident qu'on ne pourra pas arriver à une solution entre vous deux, faites un compromis avec vous-même. Expliquez-lui qu'il devra accepter le fait que vous ne soyez pas d'accord. Si vous faites partie du même cercle d'amis, essayez d'impliquer les autres pour une intervention, ou demandez-leur de changer le sujet de la conversation. Cette action, effectivement, pourrait se révéler gagnante, dans la mesure où le vampire qui contrôle pourrait perdre le contrôle de la situation : lorsqu'il tentera de revenir de nouveau à la charge avec de nouvelles affirmations et idées, le sujet de la discussion aura changé et, probablement, il sera mal à l'aise en cherchant à regagner du terrain.

Contre ce type de vampire émotionnel, vous devez toujours miser sur vous-même et sur vos idées pour ne pas vous laisser emporter par ses impératifs insidieux, comme « Tu sais quoi ? Tu devrais… » ou bien « Tu sais de quoi tu aurais besoin ? » Ce type de remarques est l'exemple que vous avez affaire à un vampire émotionnel qui souhaite vous contrôler. Dès que vous apercevez les premiers signes, fuyez au plus vite.

14.   Le type critique

Un vampire émotionnel de *type critique* saura probablement comment vous rendre la vie très difficile : quoique vous fassiez, ce ne sera jamais bon pour lui. Ce type, peut-être pour s'amuser ou pour le plaisir, s'amuse à déprimer constamment les autres. Rien de tout ce que vous ne pourrez jamais réaliser dans toute votre vie sera jugé suffisamment bon par lui. Il est probablement le plus néfaste de tous, car il s'insinue dans votre vie de manière perfide et vous détruit de l'intérieur.

Ce vampire émotionnel est tout le contraire du type de personne qui arrive à trouver la lumière aussi dans l'adversité : il ne voit jamais le bien, en rien et personne, et il est constamment prêt à mettre en évidence n'importe quelle perception négative. Vous êtes en train de vous demander pourquoi il agit de cette façon ? Ce type de vampire émotionnel a une faible estime de soi : il tente donc de renforcer son fragile amour-propre en jugeant, en rabaissant et en dévaluant les autres. De cette façon, en rendant les autres malheureux, il arrive à se trouver au même niveau qu'eux, et donc se sent mieux temporairement. En dehors de lui il ne voit que des aspects négatifs, alors qu'il garde pour lui-même tous les jugements positifs.

Ses discours seront toujours garnis de « Tu n'as pas l'impression de te tromper ? » et « à mon avis ce n'est pas… ». Sans arrêt occupé à juger les autres, il pense être dans la meilleure position pour le faire, et il n'en est jamais désolé. Imperméable aux jugements des autres, il se sent constamment une marche au-dessus des autres et au-dessus de tout reproche.

Nous pourrions définir ce vampire émotionnel similaire au type narcissique : les deux sont unis par un grand amour envers eux-mêmes, bien que le type critique manque aussi beaucoup de confiance envers les autres. La différence substantielle entre les deux réside dans la façon dont le narcissique se concentre sur lui-même, en excluant tous les autres, tandis que le critique n'hésite jamais à rabaisser autrui du moment qu'il favorise sa personne, afin d'apparaitre meilleur que ceux qui l'entoure.

Généreux dans sa façon d'être venimeux et de dispenser des critiques, ce vampire émotionnel se justifie en soutenant que ses critiques sont constructives et qu'il essaie toujours d'avoir que de bonnes intentions. Cependant, en distribuant des conseils, il ne se retient pas d'être cynique, rude et sarcastique, en faisant sentir son interlocuteur petit et insignifiant : c'est seulement une des méthodes qu'il utilise afin d'élever son statut.

Comment le reconnaitre ?

Un vampire émotionnel critique est facilement reconnaissable lorsque les critiques qu'il fait se transforment de constructives à des insultes ou qu'elles soient décourageantes, parfois même en laissant la subtilité de côté et en se montrant agressif et narquois. Le type critique commence à mettre en évidence tous vos défauts potentiels et vos lacunes, qu'elles soient dans le domaine affectif, professionnel ou même dans votre personnalité; parfois il réussit même à être encore plus gênant, dans la mesure où il se compare à vous, en résultant toujours le meilleur des deux. Ses mots créent en vous des effets différents en même temps : la honte et l'insulte. Ce vampire utilise, la plupart du temps, des mots durs à votre égard, bien loin d'être des critiques constructives.

Comment l'éviter ?

Les vampires émotionnels de type critique sont souvent malpolis : ils jugent nos choix de vie et nos décisions et ont rarement quelque chose de positif et de gentil à nous dire. Une façon excellente et efficace afin de gérer leur présence dans notre vie est de cesser complètement de les fréquenter.

Ce n'est pas simple lorsque ce type de vampire émotionnel est votre collègue, votre patron ou une personne proche de votre cercle d'amis, peut-être un ami cher de votre partenaire : dans tous ces cas, vous ne pouvez simplement pas arrêter de le voir pour le reste de votre vie ; au contraire, vous pourriez devoir avoir affaire à lui quotidiennement.

Afin de pouvoir affronter au mieux votre relation, prenez ce qu'il dit à petites doses. Si vous deviez prendre à cœur tout ce qu'il dit, vous serez sûrement vexé et blessé et, après quelques répliques, vous pourriez même croire à ses conjectures absurdes à votre sujet. Vous vous sentirez humilié, vexé, et de cette façon la discussion ne sera plus ouverte : vous l'aurez laissé gagner.

Acceptez-le pour ce qu'il est, surtout si vous savez que les critiques qu'il a exprimé à votre sujet ou sur les autres personnes sont complètement déplacées et n'ont pas de bases sur lesquelles s'appuyer. Adressez-vous directement à lui afin de lui faire comprendre que votre seuil de tolérance est épuisé : ce sera positif parce que cela lui fera comprendre que vous n'acceptez pas d'autres insultes et injures de sa part. Vous devrez arriver à débattre avec lui également de façon diplomate et raisonnable, sinon vous pourriez être le fautif dans l'histoire, ou bien être considéré comme la personne habituelle qui cherche la dispute. Rien ne sert d'entrer en conflit profond avec ces vampires, car la faute sera toujours sur vous. Ne leur laissez pas ce plaisir d'avoir raison !

Une règle fondamentale : ne jamais rester sur la défensive, étant donné que ce type de vampire émotionnel se nourrit d'elle. Affrontez directement et avec positivité n'importe quelle critique déplacée qu'on vous adresse : vous le surprendrez. Aux actes d'impolitesse sans motifs, il faut toujours répondre avec des actes de gentillesse désintéressés, aussi difficile que cela puisse être.

15.   Le type ambivalent

Derrière ce nom similaire à un tour de prestidigitation se cache en réalité l'un des plus vicieux des vampires. Ce type de vampire émotionnel est le plus sournois de tous : le *type ambivalent* est celui qui un jour se comporte comme votre meilleur ami et le lendemain comme votre pire ennemi. Ce vampire émotionnel agit comme s'il était vraiment votre ami jusqu'à ce que vous puissiez lui être utile, pour ensuite vous éliminer dès qu'il perçoit le moindre changement de votre opinion à son égard.

Ce type a souvent des problèmes d'auto-contrôle et peut passer du calme au coup de colère presque instantanément, sans aucune raison apparente. Avoir affaire à un vampire ambivalent ressemble, la plupart du temps, à tenter de marcher sur des charbons ardents ou à faire un tour sur des très inconfortables montagnes russes. Ce vampire est vraiment imprévisible : vous ne pouvez jamais savoir ce qu'il pourrait faire ou dire dans les cinq minutes qui suivent. Pendant quelques minutes, il pourrait se comporter comme votre meilleur ami, toujours prêt à vous soutenir ; ensuite, même pas cinq minutes plus tard, il pourrait changer complètement d'avis et vous traiter comme si vous étiez son pire ennemi, même pour seulement une blague sur sa personne. Après cinq minutes, il pourrait devenir de nouveau votre meilleur ami. Vous ne pouvez jamais avoir une relation saine et stable avec ce type de vampire émotionnel.

Ce fait implique que vous devez être constamment sur le qui-vive, en vous demandant ce qui pourrait se passer d'un moment à l'autre, lorsque sa personnalité changera de nouveau. Si cela devait arriver, vous vous retrouveriez en peu de temps dans une position inconfortable : le type ambivalent prendra en compte tout ce que vous aurez fait ou dit et le retournera contre vous ; vous, d'autre part, vous pourriez vous sentir seulement un instrument pour régler ses sautes d'humeurs brusques.

De plus, ce qui complique ultérieurement votre relation est le plaisir qui survient lorsque ce vampire émotionnel arrive à tirer à partir de votre réflexion : lorsqu'il s'énerve contre vous, vous, en tant que personne raisonnable, réfléchissez sur ce qui puisse ou non l'avoir contrarié. Le vampire ambivalent semble ressentir un plaisir sadique pour le fait que vous vous demandiez sans arrêt ce que vous avez fait de mal. En effet, celui-ci adore voir le malaise, surtout la honte, dans les yeux des autres.

Comment le reconnaitre ?
Les signaux les plus évidents pour reconnaitre ce type de vampire émotionnel sont les changements

draconiens à la base de son comportement. La plupart du temps, vous finirez par vous demander ce que vous avez fait de mal pour avoir causé une telle réaction ; il sera tout aussi probable qu'il ne vous dise rien du tout de son état d'âme, étant donné qu'il ne se sent pas obligé de vous faire savoir des faits de lui.

La plupart du temps, le type ambivalent montre une forte propension pour ressentir de la colère et de la haine envers les autres, et il est impossible qu'il s'excuse auprès de quelqu'un pour un comportement offensif. Après tout, il prétend avoir toujours et constamment raison.

Comment l'éviter ?
Une façon efficace pour éloigner ce vampire émotionnel est de garder ses distances, en particulier s'il vous semble d'être dans une période particulièrement nerveuse. Ce serait une perte de temps que d'essayer d'avoir affaire à lui dans ces circonstances.

S'il vous semble particulièrement agité et en colère, sachez que vous aurez de nouveau une relation civile et tranquille avec lui seulement lorsqu'il se sera calmé. Au cas où il ne devait pas accepter votre raisonnement, il pourrait commencer une petite bataille personnelle avec vous, composée par des attaques verbales et non verbales subtiles : laissez que cela arrive. Vous devez lui montrer, bien que cela puisse être difficile, que vous êtes inattaquable et que rien de ce qu'il ne pourra faire ne vous atteindra.

S'il devait se passer le contraire – c'est-à-dire que le vampire accepte votre demande de se calmer – il tirerait quand-même du plaisir de votre malaise. Donc, en vous montrant fort et sûr de vous, vous lui causerez sans doute un certain déséquilibre émotionnel. Si c'est une personne habituée à se comporter de cette façon, cela lui semblera une insulte et elle sera surprise par votre geste.

Si ce type de vampire fait partie de votre cercle d'amis ou est un membre de votre famille, assurez-vous que d'autres personnes ne soient pas impliquées dans le conflit. Si elles devaient intervenir et prendre position, le vampire ambivalent pourrait manipuler à sa guise les faits et mettre tout le monde contre vous ; il pourrait en faire autant avec vous, en vous faisant apparaitre comme le "méchant" de la situation. Gardez toujours le contrôle et assurez-vous que cela n'arrive pas : ne permettez pas à ce vampire de gâcher vos autres, nombreuses, saines relations.

En essayant de résumer ce qui a été dit jusqu'à maintenant, gardons à l'esprit ces conseils pratiques, utiles afin d'éviter que les vampires émotionnels aspirent notre positivité :

Fixez toujours des limites et, surtout, exposez votre conviction au vampire émotionnel : vous devez lui faire comprendre que vous ne serez pas soumis à ses manigances et à ses manipulations, et que ses actions sont considérées comme telles par vous, qu'il en soit ou non conscient.

Ne changez pas d'opinion. Vous avez décidé, après mûres réflexions, d'exclure un vampire émotionnel de votre vie ? Tenter de rentrer en contact avec lui pour avoir une conversation deux semaines plus tard est totalement erroné. Ce serait comme les victimes qui retournent auprès de leur ravisseurs car ils ne savent pas vivre dans la vie réelle. Si vous deviez vous comporter ainsi, le vampire émotionnel aurait une idée de vous confuse, il vous regarderait comme une personne faible et instable émotionnellement, donc plus facile à manipuler, vulnérable à ses attaques. Vous ne feriez que de vous relancer dans la gueule du lion, même si vous croyez être au-delà de ses manigances ou souhaitez lui montrer que vous êtes au-dessus de ses plans machiavéliques.

Ne jamais donner l'impression au vampire émotionnel que vous êtes une proie : vous devez être fort, combatif et rationnel. Les vampires émotionnels, comme nous l'avons vu, se nourrissent émotionnellement de personnes plus faibles et plus fragiles qu'eux, qui auront des problèmes d'insécurité et de confiance en soi. Une bonne façon pour affronter les vampires émotionnels est de travailler sur vous-même, sur votre parcours comme personne et sur votre développement personnel : vous serez votre propre bouclier et c'est la meilleure défense que vous pourriez avoir.

Travaillez sur le contrôle de vos émotions. Comme nous l'avons vu précédemment, dominer et contrôler vos émotions vous rendra toujours plus fort que tous les stimuli extérieurs : vous seul serez le vrai défenseur de vous-même. En vous entraînant à avoir un contrôle de vous-même face à n'importe quelle situation, vous ne serez plus en proie à quoi que ce soit. Vous bâtirez votre confiance en soi et votre relation par rapport au monde extérieur, autant à large échelle qu'en face à face. En général, les problèmes deviennent plus grands lorsque nous réagissons de manière exagérée ou catastrophique : il faut toujours rationaliser à l'intérieur de vous ce qui se passe et le définir. C'est là où une grande connaissance de vous et de vos sentiments se trouvera extrêmement utile. Justement, comme vous arrivez à gérer vos émotions, vous arriverez à gérer le vampire émotionnel présent dans votre vie : en contrôlant simplement vos réactions et en gérant vos émotions face à eux. La vie est décidément trop courte pour laisser faire ces personnes et vous gâcher votre existence, même temporairement : entourez-vous de ceux qui arrivent vraiment à vous soutenir et qui sont heureux pour vos succès. De cette manière, votre santé mentale aussi profitera de ces influences positives.

16. Comment réussir à se connecter avec les autres (même s'ils ont une intelligence émotionnelle différente de la vôtre)

Dans le chapitre précédent, nous avons approfondi comment définir, reconnaitre et éviter les personnes négatives qui tournent autour de nous quotidiennement. Que faire avec les personnes qui ont une influence positive sur nos vies, mais avec lesquelles nous ne sommes pas sûrs d'avoir des relations dont lesquelles nous pouvons tous deux profiter ?

Prenons un exemple simple et pratique afin de comprendre mieux la situation : Chiara et Alessia, toutes deux jeunes mamans, se rencontrent régulièrement à un cours de couture du soir. Elles sont mises ensemble pour un projet et, tout de suite, il y a une petite étincelle entre elles : elles s'entendent très bien et elles arrivent à se comprendre avec de petits gestes, avec de simples coups d'œil, comme si elles se connaissaient depuis toujours. La complicité s'est faite immédiatement et la communication est extrêmement facilitée grâce à cela.

Maintenant, il est légitime de se demander ce qui s'est passé afin de permettre à cette petite étincelle de jaillir. La réponse est simple : les deux femmes ont une intelligence émotionnelle très similaire. C'est pour cela qu'elles se sont senties pleinement à l'aise ensemble. Une autre explication probable est que les deux femmes aient vécu, expérimenté et analysé elles-mêmes afin de permettre à leur intelligence émotionnelle de fleurir pleinement. La réponse est parfois toute aussi simple : lorsque l'on est en présence de quelqu'un sur la même longueur d'onde émotionnellement, nous avons tendance à avoir une affinité directe avec elle, et tout se fait de manière plus fluide, car leur niveau d'empathie est similaire au nôtre.

Vous avez probablement déjà parlé avec quelqu'un qui semble faire partie de votre vie depuis une décennie, alors que vous ne le connaissez que depuis seulement une demi-heure. Comme l'étincelle entre Chiara et Alessia, les affinités se créent parfois très rapidement. Cela signifie que vous et cette personne, vous avez une intelligence émotionnelle similaire et très élevée. Dès lors, communiquer vous semble très facile et les "ondes" qui entourent votre relation semblent positive. Tout vous semble facile avec celle personne, car vous arrivez facilement à vous mettre à sa place, et elle à la vôtre. Ceci est une capacité rare, qui vous permet d'être ouverts, sociables, réfléchis et compréhensifs en retour.

Si cela ne devait pas arriver dès que vous faites la connaissance quelqu'un, cela ne signifie pas forcément que vous n'êtes pas compatible avec cette personne : il faut savoir travailler sur votre capacité, en la mettant en rapport aux autres. Si vous avez su travailler durement pour augmenter et renforcer votre intelligence émotionnelle, ce pas supplémentaire pourra seulement l'accroitre et l'améliorer ultérieurement. De plus, il y a des barrières sociales à abattre avant de vraiment connaître quelqu'un. Peut-être que la relation avec votre meilleur ami n'a pas été un petit nuage immédiat, mais vous sentiez qu'il y avait quelque chose dans l'air qui en valait la peine.

Laissez toujours de l'espace à la personne que vous avez en face. Ceci n'implique pas forcément que vous deviez rester dans un coin, en silence ou en murmurant quelques mots ici et là. Vous aurez compris que les personnes avec une intelligence émotionnelle élevée savent percevoir quand vient leur tour de parler, parce qu'elles sentent vraiment ce que disent les autres. Parler et connaitre une personne pourvue d'intelligence émotionnelle différente à la vôtre signifie la seconder, lui laisser de la place et se concentrer sur ce qu'elle dit, et ce qu'elle cherche à dire. Montrez-vous avec la volonté d'écouter toujours les récits des autres et répondez en conséquence. Permettre à une autre personne de s'ouvrir et se confronter avec vous, cela signifie la respecter, essayer de la comprendre, au lieu de créer une connexion unilatérale, cherchez à créer une connexion à deux.

L'autre personne ne vous semble pas avoir les mêmes idées que vous ? L'ancien vous, à une époque, aurait fait la fine bouche et laissé tomber, poliment, la conversation – ou pire encore, se pliera en quatre pour complaire à son interlocuteur ; le nouveau vous, en revanche, que fait-il ? Même si vous n'êtes pas d'accord avec ce que votre interlocuteur a dit, le nouveau vous, pourvu d'intelligence émotionnelle, s'efforcera afin que la conversation soit la plus civile et polie possible. Vous chercherez un terrain d'entente et ferez un effort pour être juste et aimable. Maintenir une conversation cordiale vous aidera à ajouter toujours plus d'influences positives à votre vie.

La difficulté à interagir avec les personnes réside en un seul, fondamental facteur : les comprendre. Très souvent, nous ne comprenons pas les personnes que nous côtoyons ou que nous rencontrons tout au long de notre vie, parce que nous refusons de les comprendre. Une capacité incluse dans l'intelligence émotionnelle est sûrement celle de savoir lire entre les lignes : comprendre ce que l'autre personne est en train de nous dire, sans utiliser les mots, avec les gestes et les regards, et interpréter correctement ces émotions sous-entendues. Les personnes pourvues d'intelligence émotionnelle savent comprendre ce que l'autre personne pourrait laisser comme non-dit et elles arrivent à conseiller habilement des connaissances et des amis.

Une partie de l'intelligence émotionnelle est représentée par l'empathie, par le fait d'être présent avec l'autre personne. Lorsque vous affinez cette capacité, vous devenez toujours meilleur à lire les autres et à deviner de quoi ils ont réellement besoin. Si vous êtes en mesure de dire lorsqu'une tape sur l'épaule ou une caresse est appropriée pour une personne et quand elle ne l'est pas, cela signifie que vous êtes vraiment en connexion avec cette personne. Une partie de notre intelligence émotionnelle réside dans le fait de trouver du bon aussi dans l'adversité : garder une vision positive de ce qui nous entoure nous rend des individus meilleurs et nous permet de nous améliorer nous-mêmes. Ne laissez jamais quelque chose vous étouffer, ou pire encore, éteindre votre instinct à la résistance et la rébellion, aussi petite soit-elle : traverser le chemin de la vie avec une mentalité et une attitude positive, cela aide à atteindre des objectifs que vous ne réussiriez probablement pas à obtenir avec une mentalité cynique et désabusée. Gardez ce côté farouche en vous, même si nous ne faisons que vous dire qu'il faut raisonner avec l'esprit. C'est peut-être cela cet acte de rébellion : raisonner avec conscience.

Par exemple : vous venez de perdre votre travail et votre seule idée est celle de passer toute la journée au lit, à ressasser ce qui s'est passé et vous morfondre sur votre vie. Ce n'est pas la bonne attitude : une personne pourvue d'intelligence émotionnelle sait comment transformer les stimuli négatifs en positifs ; dans une situation du genre, probablement, elle mettrait immédiatement à faire des postulations pour d'autres emplois. La capacité à s'auto-motiver et de développer l'envie d'accroissement pour ce qui nous entoure est le terrain fertile de l'intelligence émotionnelle. La capacité d'auto-motivation devient particulièrement utile dans des situations difficiles, lorsque la vie ne se passe comme prévu.

Apprenez à vous entourer de personnes qui savent appliquer l'humilité dans leur vie. Beaucoup de gens de nos jours voient le fait d'être humbles comme un signe de faiblesse : il n'y a rien de plus faux. Les personnes pourvues d'intelligence émotionnelle apprécient l'humilité et, lorsqu'elles se retrouvent face à des critiques, elles sont prêtes à les accepter, en les utilisant comme des instruments de croissance. Être humble ne signifie pas manquer de confiance en soi ou avoir un manque de confiance excessif ; en réalité, être humble implique reconnaitre que ne pouvons pas tout connaître et avoir une opinion sur tout, mais qu'au contraire nous sommes prêts à apprendre des autres.

Les personnes pourvues d'intelligence émotionnelle ne placent pas la perfection comme objectif, parce qu'elles savent qu'elle n'existe pas. De par notre nature-même, nous, les êtres humains, sommes imparfaits. Si la perfection est votre objectif principal, après n'importe quelle conquête ou succès, vous serez toujours imprégné d'un sentiment d'échec gênant qui vous donnera envie de renoncer à peine une nouvelle entreprise entamée, car vous saurez que cette mission ne sera pas parfaite, même si vous y mettez tout l'effort requis. Une personne émotionnellement non-intelligente passe son temps à se plaindre de ce qu'elle n'a pas réussi à réaliser ou de ce qu'elle aurait dû faire différemment, au lieu d'avancer et apprendre de ses erreurs et expériences ; la personne pourvue d'intelligence émotionnelle est en revanche enthousiaste de ce qu'elle a atteint et de ce qu'elle pourra potentiellement réaliser dans son avenir grâce à ses nouvelles connaissances et compétences acquises.

Les personnes autour de vous en disent beaucoup : parfois, elles savent raconter de votre personne plus de ce que vous ne pourrez jamais faire vous-même. Observez autour de vous les choses et gens qui font partie de votre quotidien : si vous êtes pourvu d'intelligence émotionnelle, vous avez la capacité de faire sentir les autres calmes et acceptés en votre présence. Lorsqu'elles se retrouvent en votre compagnie, elles se sentent comme si elles pouvaient dire quoi que ce soit sans que vous les jugiez pour ce qu'elles font ou pensent ; elles savent que vous les écouterez et que vous leur fournirez des opinions constructives.

Vous ne le faites pas pour de l'enrichissement social et une croissance personnelle. Vous aimez vraiment vous connecter profondément avec les personnes, qu'ils s'agissent de vos amis ou de votre famille, voire de vos connaissances tout juste rencontrées qui vous racontent et illustrent ce qui arrive dans leur vie. Si deux personnes émotivement intelligentes ont une relation amicale ou sentimentale ensemble, celle-ci sera certainement plus saine et équilibrée que la moyenne.

Un ami pourvu d'intelligence émotionnelle aura tendance à vous remettre les pieds sur terre si quelque chose vous arrive dans votre vie ; vous ferez la même chose pour lui. De plus, un couple d'amis pourvus d'intelligence émotionnelle sait comment communiquer au mieux pour réussir à n'avoir aucune incompréhension dans sa relation. De nos jours, beaucoup de relations se détériorent par manque de communication : à cause d'incompréhensions et de malentendus, les personnes préfèrent rester perchées sur leurs propres convictions, elles ont difficilement tendance à s'ouvrir et à accepter le fait qu'elles pourraient s'être trompées ou qu'elles pourraient simplement ne pas avoir raison. Surtout en couple, nous avons tendance à nous reposer sur nos lauriers, car nous partons du principe que nous avons donné assez de signes pour se faire comprendre, et que l'autre par conséquent devrait avoir assimilé tous ces signes et déceler ce qui ne va pas. Mais ni l'un ni l'autre ne sommes devins ! Si vous n'arrivez pas (ou plus) à communiquer de manière claire avec la personne avec qui vous êtes, il est grand temps de vous remettre en question. Deux personnes qui ont su cultiver et entrainer leur intelligence émotionnelle sauront communiquer et résoudre d'éventuels conflits au mieux, tout comme pouvoir éviter des différends et des désaccords.

Une personne pourvue d'intelligence émotionnelle utilisera sûrement des astuces lorsqu'elle fera une nouvelle connaissance : elle essaiera de la mettre particulièrement à l'aise, elle lui posera des questions sur sa personne et saura régler son comportement en fonction de qui elle aura en face d'elle et au contexte où elles sont insérées. Si c'est un nouveau collègue, son comportement sera gentil mais sûr ; si c'est la nouvelle copine d'un cher ami, elle essaiera de la mettre à l'aise le plus possible et de s'intéresser à sa vie et pas seulement à la relation qu'elle a avec votre ami.

L'idée que vous avez de vous-même en dira long à ceux qui vous entourent : les personnes avec une intelligence émotionnelle élevée savent naturellement comment apparaitre sympathiques aux yeux des autres : elles sont cordiales et leurs conseils se révèlent être les plus convoités. Ce sont des personnes en paix avec elles-mêmes et complètement détendues face au monde.

Attention, être détendu ne signifie pas être indifférent. Ces personnes savent ce à quoi elles aspirent, ce qu'elles sont vraiment et les choses en lesquelles elles croient. De nos jours, il est très facile de se laisser transporter par les vies des autres, par les visions qui nous apparaissent cristallines et enviables, mais la vraie richesse est une question beaucoup plus terre à terre: savoir qui nous sommes et ce que nous voulons. Somme toute, la véritable richesse réside véritablement en nous.

17. Comment créer des relations profondes avec les autres

Dans ces deux derniers chapitres, nous analyserons ensemble comment construire, à l'âge adulte, des relations profondes et des connexions uniques avec les autres et qu'elles soient le plus possible durables et significatives.

Dans un moment de tristesse particulière et immense, comme la mort d'un membre de la famille, vos amis sont à vos côtés sans que nous n'ayez besoin de demander quoi que ce soit. Dans un moment d'immense joie, comme avoir obtenu un emploi que vous convoitiez, vos amis arrivent chez vous pour fêter cette nouvelle réussite avec des cadeaux et des petites attentions. Vous ne savez pas si vous devriez quitter votre ville pour vous installer dans une nouvelle et vous vous tourmentez dans la confusion : votre ami saura vous conseiller, vous suggérez ce qui est mieux pour vous. Après des années de vie commune, vous et votre partenaire décidez de vous quitter d'un commun accord, mais vous êtes tout de même dévasté émotionnellement : vos amis vous consolent, ils essaient de vous faire comprendre que tout n'est pas perdu, malgré le coup dur. Le jour de votre mariage, une des journées plus heureuses de votre vie, vos amis se réunissent à votre table pour porter un toast à votre union et à votre bonheur.

Les amis sont importants et enrichissent notre vie de multiples et différentes façons. En même temps, de nos jours, nous prenons souvent l'amitié pour acquise : pensons-y un instant : connaissons-nous quelqu'un qui n'ait pas au moins un ami ? Probablement pas. Avoir des amis et nouer des amitiés est un trait essentiel de notre vie, c'est une partie fondamentale de ce que nous sommes en tant qu'êtres humains. Cependant, il peut être facile de négliger les amis lorsque le chaos de la vie prend le dessus.

Étant donné que nous sommes des créatures profondément sociales, que ce soit pour la biologie que pour des raisons historiques, culturelles, économiques et anthropologiques, le lien avec les autres nous aide à être davantage en bonne santé, heureux, joyeux et nous aide même à vivre plus longtemps. Comme nous le disions, nouer des amitiés demande un grand effort et un effort constant. Parfois, la vie s'en mêle, et nous oublions des anniversaires et des occasions importantes, nos amis commencent à nous mettre au second plan par rapport au travail, à la famille et aux autres priorités. Exactement comme avec le travail et la famille, vous devez investir votre temps à cultiver les amitiés du passé et du futur, ainsi que n'importe quel autre secteur de votre vie. Ceci est comme un travail, mais l'argent n'est pas au rendez-vous. Au contraire, ce qui vous rendra riche sont toutes ces amitiés cultivées, ces moments précieux que rien ne peut acheter, et il est utile de se rappeler à quel point certaines choses ne peuvent pas s'acheter.

Effectivement, que reprochons-nous le plus à nos amis ? De ne pas être assez investis ou de ne parfois pas être assez présent lorsque nous en avons besoin ? Lorsqu'un de nos amis décide de s'éloigner de nous et arrête de cultiver la relation que nous avons, voici que tous les innombrables petits moments de connexion sont bafoués, et notre relation est celle d'une personne déçue et blessée. Donc, nous devons écouter les problèmes des autres, même si à ce moment-là, nous préférerions probablement parler de sujets amusants ou que nous n'avons pas forcément de temps ou de force pour consacrer une partie de notre journée à notre ami ; nous devons faire un effort pour les personnes qui sont autour de nous, même lorsque nous sommes occupés et stressés par notre vie quotidienne.

En somme, parfois, au lieu de donner la priorité à nous-mêmes, nous devrions laisser tomber cet instinct égoïste et individualiste, et choisir de faire passer d'abord les autres ; d'autres fois, nous devrions faire en sorte que ce soit eux à nous choisir. Car, justement, les amitiés fonctionnent comme les relations amoureuses, elles ont besoin d'équilibre et d'être constamment renouvelées. Nous ne voulons pas dire que vous devriez faire tout en symbiose avec l'autre, mais que vous devez tous les deux savoir et ressentir que vous êtes en train d'apporter dans la même mesure de l'énergie, de l'équilibre et du bon sens dans votre relation, peut-être de manière différente, mais tous les deux à votre façon.

Il y aura sûrement des périodes où un des deux sera enclin à donner plutôt qu'à recevoir. Après la fin d'une histoire d'amour ou au terme d'une mauvaise journée de travail, nous pourrions avoir besoin plus que du soutien habituel de nos amis. C'est là où cette notion d'équilibre entre en jeu : si nous savons quand donner plus car l'autre a besoin de recevoir soutien et attention, alors notre intelligence émotionnelle saura se mettre en marche et pourra être efficace.

Un mot de grande importance, dans le grand et multicolore chaudron de l'amitié est l'intention. Avec ce mot, nous voulons signifier l'effort conscient que fait un individu pour créer l'espace nécessaire à une connexion vraie et significative. Lorsque vous créez un espace pour quelqu'un dans votre vie, cela signifie que vous êtes prêt à l'accueillir : il n'y a pas de manipulations et de manigances ; les connexions vraies et significatives ne peuvent pas être forcées par des facteurs externes, mais doivent venir de soi.

On peut s'engager afin de construire un environnement favorable et créer les conditions nécessaires pour faire fleurir une relation, et inviter de nouvelles personnes à y entrer : lorsque nous sommes petits, nous devons nous efforcer beaucoup afin que l'espace se constitue ; tout cela survient de façon très naturelle, dans des ambiances toujours en relation étroite avec les autres (comme les sorties scolaires ou les sorties avec les scouts au camping). Lorsque nous sommes enfants, ceci est presque une seconde nature car nos relations avec les autres est presque la seule chose qui régit notre vie. Certes, nous devons assimiler le monde à travers nos yeux et nos pensées encore fraîches, mais nous ne pouvons voir et assimiler les choses qu'à travers les autres. Notre prochain est donc une sorte de prisme de vie au travers duquel nous voyons les choses et assimilons de nouvelles expériences et de nouvelles sensations. C'est pourquoi nous avons tendance à aller vers les autres presque naturellement, et créons des affinités rapidement avec des personnes que, peut-être plus tard dans notre vie, nous n'aurons aucun lien affectif avec. L'enfance est une période charnière pour notre développement émotionnel et notre apprentissage de la vie.

Malgré tout, cette soif de connaissance envers l'autre ne peut pas survenir sans un minimum d'intention. En effet, en grandissant nous sommes pris dans des tourbillons externes qui rendent nos relations avec les autres plus difficiles à entretenir, simplement parce que nous n'allons pas à l'école ensemble ou que nous n'habitons pas dans la même rue ou n'avons pas des horaires similaires. Le monde adulte est beaucoup plus exigeant. Par exemple, envoyer un message à quelqu'un pour savoir comment il va, lui souhaiter bon anniversaire, lui offrir un billet pour le concert de son artiste préféré, l'inviter dîner chez vous ou aller ensemble essayer ce nouveau restaurant mexicain qui vient d'ouvrir, nombreux sont les petits détails qui montrent à l'autre que nous pensons à lui et voulons continuer à entretenir une relation avec. Parfois, cette intentionnalité se manifeste de façons très simple et efficace, comme en restant chez votre ami à discuter toute la soirée, bien loin des distractions du quotidien comme les notifications de notre téléphone. En bref, si nous ne voyons pas le temps passer, c'est que nous créons véritablement un lien fort et unique avec l'autre. Le temps semble suspendu et nous voilà, de manière non-intentionnelle, à forger quelque chose d'unique qui perdurera.

L'adage dit : « Certaines personnes vous parlent seulement dans leur temps libre, d'autres personnes s'efforcent d'utiliser leur temps libre pour vous. » La grande différence entre les deux attitudes réside dans *l'intention*, entre ce qu'il faut faire et ce qui, au contraire, est seulement confortable de faire. Ce n'est pas toujours facile de renoncer à certaines choses pour passer du temps avec une personne, mais c'est un effort que nous devrions apprécier et rendre. Comme indiqué auparavant, les liens d'amitié doivent se tisser à travers des efforts conscients, comme un muscle que nous souhaitons entrainer régulièrement. Et même si la vie se met au travers de la route de l'amitié, il est de notre devoir de trouver le temps, autant physiquement qu'émotionnellement, pour construire et maintenir des relations.

Lorsque vous cherchez quelque chose intentionnellement, il y aura toujours une haute composante à risque : l'amitié pourrait ne pas décoller ou l'autre personne pourrait ne pas comprendre et accepter vos gestes, ou peut-être n'a-t'elle simplement pas envie d'investir autant de temps dans cette amitié. Afin de réussir à établir une relation, vous devez être prêt à supporter l'embarras, à affronter l'incertitude et la possibilité de refus, parce que les refus existent aussi bien en amitié qu'en amour. Sans toutes ces composantes, l'amitié n'aura jamais la possibilité de grandir.

Il faut par conséquent faire un pas fondamental : vous devez créer du temps et de l'espace afin que l'amitié puisse naitre et grandir de manière luxuriante. Vous pourriez voir tout cela comme un acte de gentillesse et d'humanité désintéressé et immotivé, parfois même à haut risque, presque un acte de foi : dédier votre temps et votre effort à quelqu'un pas forcément parce que vous êtes déjà de très bons amis, mais parce que vous croyez et vous avez confiance dans le fait que cette relation pourrait devenir une grande amitié un jour. Pour ce faire, vous devez vous fier à votre instinct, car il existe toujours une lueur au fond de vous qui vous dit que cette personne pourra être importante dans votre vie. Personnellement, je gère mes amitiés comme une sorte d'entreprise. Vois-je du potentiel dans cette personne, puis-je lui amener quelque chose de positif à court, long et moyen terme, et cette personne peut-elle m'amener quelque chose que je recherche ? Cela peut sembler un peu trop sérieux, mais au fond c'est ce que nous cherchons dans les amitiés et les relations. Le reste vient avec, il ne tient plus qu'à nous de faire tenir cette embarcation sur laquelle nous avons décidé de naviguer.

Parfois, les personnes sont compatibles avec nous, avec notre vie et surtout avec nos choix de vie seulement pendant quelques mois ou quelques années ; elles font partie de notre vie pour peu de temps, de manière éphémère et se retrouvent presque parfois évanescentes des années plus tard. Nous ne devrions pas voir ces amitiés sous un mauvais œil, car elles nous aident à progresser sur le chemin de la vie. Êtes-vous la même personne que vous étiez il y a dix ans ? Sûrement pas ! Alors pourquoi les mêmes amis devraient-ils être à vos côtés. Ces amitiés temporaires, ces gens que nous perdons de vue, tous sont des éléments essentiels à notre

développement et il faut savoir être reconnaissant de celles-ci. N'évitez pas une amitié car vous savez que vous allez perdre de vue la personne, vous passerez certainement à côté de quelque chose de magnifique !
En revanche, d'autres amis ont un potentiel inné pour faire partie de notre vie à long terme et de grandir avec nous pendant de nombreuses années et à travers de nombreux vents et marées.

Une façon pour maintenir les amitiés solides, peu importe leur niveau d'intensité, est de les nourrir activement, comme nous ferions avec une plante de notre jardin. Certaines amitiés naissent plus facilement que d'autres et les alimenter est une tâche facile, presque inconsciente. D'autres, en revanche, demandent plus de ressources, d'efforts et d'action. Faire des efforts pour une amitié ne signifie pas que l'autre personne ne soit pas adaptée à vous, mais plus simplement que votre amitié est différente et que vous devez travailler afin de la maintenir forte et durable.

Comment réussir à augmenter la possibilité de nouer de nouvelles amitiés et de consolider celles de longue date ?

- *Essayez d'avoir des conversations importantes*

En plus de parler de la météo, du nouvel épisode de votre série télé préférée, de sport ou de politique, songez à baisser votre garde de temps en temps. Soyez honnêtes et avouez ce qui vous fait peur, les doutes que vous avez, montrez-vous vulnérable. Parlez de ce que vous voudriez faire dans la vie, de ce que vous pensiez faire lorsque vous étiez plus jeune ; parlez de comment vous vous êtes senti lorsque cette université prestigieuse n'a pas accepté votre demande d'admission, de la relation avec vos parents ou du parent que vous voudriez être. Évidemment, il faut équilibrer les conversations superficielles et celles qui sont importantes, mais ce seront ces dernières qui vont véritablement vous aider à approfondir et à augmenter vraiment votre amitié. En offrant des conversations profondes et enrichissantes, tout en présentant votre côté vulnérable, vous réussirez à être heureux avec vous-même, car cette relation vous permettra de voir votre vie sous un autre jour, ainsi que de prendre du recul sur votre existence et pouvoir vous épanouir en tant qu'individu.

- *Partagez toujours vous-même*

Cela signifie de parler de vos angoisses, de vos soucis, de vos espoirs et de vos rêves, bref, de vos sentiments. N'ayez peur de rien, n'ayez jamais honte de comment vous pourriez apparaitre aux yeux des autres. Peut-être que c'est justement la personne qui est en face de vous qui devrait avoir honte; le fait que vous vous laissiez aller à des confessions à cœur ouvert pourrait l'aider à faire pareil. Quelle que soit l'occasion, s'il y a l'opportunité de pouvoir parler ouvertement avec quelqu'un, pourquoi ne pas le faire ? Après avoir parlé un peu de vous, vous vous sentirez automatiquement mieux.

Les études démontrent que lorsque vous faites quelque chose de bien pour quelqu'un, en particulier si c'est de manière impulsive, vous finirez par lui plaire davantage. Rien de plus facile ! De plus, la personne qui rend service se sentira plus proche de la personne qui reçoit le service. Lorsque nous faisons de notre mieux pour quelqu'un d'autre, nos cerveaux pensent : « J'ai fait cette jolie chose que je n'étais pas obligé de faire, donc, cette personne doit en valoir la peine ». Faites votre possible afin de réussir à rendre visite à un ami à l'hôpital, aidez-le à s'installer dans une nouvelle maison, offrez un verre à celui qui fête son nouveau travail, restez éveillé jusqu'à tard en aidant un autre à s'exercer pour une présentation. Ces efforts ne sont pas extrêmement difficiles, mais montrent à l'autre que vous tenez à lui. Et pour vous, vous vous sentiez validé de par votre gentillesse et votre soutien !

• *Faites-lui croire que vous êtes déjà des amis*

En faisant semblant que vous soyez déjà amis depuis un

certain temps, vous deviendrez automatiquement plus proches et complices. Une étude a démontré ce facteur important : il a été demandé à deux inconnus de se regarder dans les yeux pendant plusieurs minutes, ceux qui l'on fait ont signalé par la suite une plus grande estime et affection, par rapport à n'importe quel autre groupe de personnes. La recette est simple : votre timbre de voix doit être le même qu'avec vos amis, ceux que vous connaissez bien et avec lesquels vous vous sentez en confiance. Mettez de côté vos réflexes de politesse et partez du principe que tout le monde est un de vos vieux amis !

> - *Être amis signifie également souffrir ensemble : faites quelque chose de difficile, mais faites-le ensemble*

L'adage dit : « Si tu veux aller vite, marche seul seul. Mais si tu veux aller loin, marchons ensemble. » Cela pourrait signifier de se porter volontaire afin de parler à une présentation, lorsque vous avez peur tous les deux de parler en public, ou bien de l'aider à s'entrainer pour le marathon qui a lieu chaque année dans votre ville, ou encore faire du bénévolat pour une association ou assister à un cours d'université ensemble. Lorsque deux personnes se retrouvent à assister l'une à la souffrance de l'autre, la souffrance approfondit de manière profonde et irréversible leur connexion. Autant qu'elle puisse être tranchante, cette expérience est probablement celle plus viscérale et plus importante que deux personnes ne pourraient jamais ressentir ensemble. Mais cela ne veut pas dire que vous devez vivre une expérience atroce à deux ! Simplement le fait de faire quelque chose de difficile, pénible, peut être une expérience enrichissante pour votre amitié. De plus, si vous vous préparez à un marathon par exemple, il sera plus facile pour vous deux de vous soutenir l'un l'autre et donc de se sentir moins démotivé ou affaibli. Ensemble, nous sommes plus forts.

- *Partagez des expériences ensemble*

Vous êtes déjà habitué à aller au cinéma pour voir des films amusants que vous aurez oublié dans deux ans ? Choisissez de faire une nouvelle activité ensemble, comme aller à un concert dans une autre ville, pratiquer un nouveau sport, manger à un restaurant prestigieux. Quelle que soit la nouvelle activité à faire, elle doit être nouvelle pour tous les deux. Vous vous en souviendrez avec tendresse et, justement, par association, vous vous souviendrez également avec tendresse de la personne avec laquelle vous aurez partagé cette expérience. Lorsqu'une personne devient une partie fondamentale de beaucoup de vos souvenirs, il est difficile de ne pas se sentir proche d'elle. Nous construisons nos souvenirs aux moyens d'expériences et plus vous en construirez, plus vous laissez de la place à cette personne dans votre vie et dans vos souvenirs et expériences de vie.

Appliquez cette règle également avec vos amis. Prêtez attention aux choses auxquelles votre ami s'intéresse : ce nouvel auteur dont il parle, son groupe préféré, son nouveau restaurant préféré. Trouvez des petites façons pour lui montrer que vous l'écoutez de manière active. Si en marchant dans la ville, vous tombez sur un poster qui annonce un concert de son groupe préféré, prenez une photo et envoyez-la-lui. Si un soir, vous décidez d'aller dîner à un nouveau restaurant et vous voyez que dans le menu figure l'un de ses plats préférés, faites-le lui savoir et proposez-lui de dîner ensemble dans cet endroit. Avoir quelqu'un qui vous envoie des signes comme quoi il pense à vous est beau et rassurant : il n'y a rien de plus touchant que de recevoir un message qui vous dit « Cette chose m'a fait penser à toi ». Montrez à votre ami que même les plus petites choses qui le concerne vous intéressent : il se sentira immédiatement apprécié et aimé. Ce genre de petits efforts et attentions ne prennent pas beaucoup de temps mais sont Ô combien utiles dans le maintien de l'amitié. Si je prouve que je pense à toi, alors tu es avec moi dans ma journée. Il n'y a rien de plus touchant et poétique que cela.

Les amitiés deviennent souvent plus fortes lorsque vous

introduisez quelqu'un à quelque chose de nouveau. Partager une capacité ou un talent est une façon très amusante pour faire entrer un peu plus un ami dans votre vie. Permettre aux autres de voir quelque chose en plus de votre personnalité fera en sorte qu'ils se sentiront plus à l'aise et intéressés, incités à faire pareil avec vous lors des occasions futures. C'est aussi une façon surprenante pour leur donner l'opportunité de montrer quelque chose d'inattendu ou de caché sur eux-mêmes : auriez-vous jamais pensé que votre ami Filippo fréquentait un cours de cuisine du soir ? Peut-être pourriez-vous l'accompagner, ou simplement lui demander de vous montrer ses nouveaux talents culinaires ?

Comme nous l'avons suggéré, vous pouvez ressentir et expérimenter de nouvelles choses ensemble : vous pouvez vous inscrire au yoga, au tennis ou à un cours de couture. Être projeté dans un groupe d'inconnus montrera que vous pouvez toujours compter l'un sur l'autre. Apprendre de nouvelles choses avec votre ami peut être amusant et intéressant : vous pourriez découvrir que le sport auquel vous n'auriez jamais pensé vous plaise énormément ! En le fréquentant ensemble, cela deviendra votre habitude, un petit moment ensemble que vous chérirez. Cela vous aidera également à progresser ensemble, car vous arriverez à vous motiver mutuellement si vous remarquez que l'un ou l'autre a des difficultés.

- *Voyagez ensemble*

Le voyage pourrait ne pas être une option faisable pour tous, à cause de notre vie aussi remplie ou de moyens financiers, mais c'est une excellente façon afin de renforcer encore plus la relation. Il n'est pas nécessaire de réserver un voyage qui vous enverra aux quatre coins du monde, quelque chose de coûteux et de chic ; même voyager seulement dans un nouvel endroit peut vous aider à renforcer la relation et à vous rapprocher beaucoup plus de vos amis.

Planifiez un voyage en camping ou dans une ville où aucun d'entre vous n'a jamais été. Si des obstacles devaient se présenter à l'horizon, vous pourrez les résoudre à l'aide de votre ami, qui s'est désormais transformé en votre partenaire de voyage ; partager ensemble cette nouvelle expérience vous rendra beaucoup plus unis et cela créera de beaux souvenirs pour l'avenir. Rappelez-vous que pas toutes les personnes perçoivent les choses de la même façon et voyager rend certains d'entre nous plutôt angoissés. Peut-être que votre ami souffre particulièrement lors de voyages en voiture, ou n'aime pas imaginer se rendre dans un endroit complètement inconnu. Soyez patient au cas où il y ait quelques petits stress inattendus et essayez d'être toujours gentil et respectueux à l'égard des autres. Quoi qu'il advienne, vous apprendrez beaucoup l'un de l'autre : les voyages en voiture vous donnent l'opportunité parfaite pour se déconnecter du quotidien, en écoutant un peu de musique et en profitant du paysage et de la compagnie réciproque.

De temps en temps, vous aurez besoin de prendre du temps pour vous, de vous arrêter pour penser. Attendez une seconde avant d'agir trop rapidement, en disant oui à n'importe quel évènement social que l'on vous propose. Vous devez vous engager seulement si vous êtes heureux de la proposition que l'on vous fait et si celle-ci vous réjouit vraiment : pourquoi perdre son temps en quelque chose qui pourrait ne rien vous apporter dans votre vie, si ce n'est de l'ennui ou du regret pour ne pas être resté à la maison ?

Ayez le courage de dire non de temps en temps, même quand cela implique de décevoir quelqu'un. Si vous acceptez quelque chose et vous n'arrivez pas à en être pleinement impliqué, tous les autres participants pâtiront de votre manque d'envie. Soyez clair sur ce que vous voulez vraiment faire pendant votre temps libre et gardez un agenda où définir vos projets.

Être organisé est fondamental pour la construction de la confiance, aussi bien avec sa famille qu'avec les amis et les collègues. L'organisation vous permet de prendre une décision claire, en vous basant sur vos projets et, en même temps, cela vous rend plus simple d'accepter ou non les demandes des autres, en évaluant aussi votre temps et votre énergie.

Les voyages sont d'autant plus utiles à forger une relation qu'ils réunissent énormément d'éléments : le stress des préparatifs, les choses à visiter, le rythme auquel vous voulez passer votre temps, l'idée d'être constamment ensemble et de devoir constamment faire des compromis, mais aussi les découvertes de nouvelles choses, et la créations de nouveaux souvenirs qui se retrouveront à jamais gravé dans votre mémoire. Ceci est un test extrêmement utile pour voir à quel point vous êtes compatible avec l'autre. Pour preuve, de nombreux nouveaux couples décident de partir en voyage afin de tester ces bandes de tensions avant de passer à quoi que ce soit de sérieux ! Ceci devrait être valable également pour vous amis !

18. Comment construire une relation plus profonde avec votre partenaire

Nous voici arrivé à notre dernier sujet, et pas des moindres : comment construire et garder une relation profonde avec votre partenaire. Que ce soit votre première histoire d'amour ou pas, ces petites considérations sont sûrement ce qu'il vous faut : dans une relation à deux, les enjeux sont nombreux.

Le passage entre être célibataire et être dans une relation est quelque chose qui exige du temps, du calme et de la patience. Parmi toutes les choses dans la vie auxquelles vous devrez vous adapter, la plus difficile et que vous devrez affronter au meilleur de vos capacités, sera d'apprendre à communiquer de façon sérieuse, saine et efficace avec votre partenaire. Cette tâche est bien évidemment faisable, mais cela pourrait exiger un peu de temps, exactement comme pour le développement de l'intelligence émotionnelle. Partez toujours du principe que deux personnes auront difficilement exactement la même façon de communiquer : cela vaut aussi bien pour vous que pour votre partenaire.

Nous l'avons déjà mentionné précédemment, mais personne n'est devin. Cela pourrait vous sembler évident, mais combien de fois vous rendez-vous réellement compte de ce qu'est en train de ressentir ou de penser la personne en face de vous ? Parfois, les mots peuvent être utilisés même pour cacher les émotions que nous ressentons en nous. Il pourrait arriver que votre partenaire vous dise quelque chose et, ensuite, que ses émotions prévalent sur lui en montrant toute autre chose comme un ton de voix plus haut ou plus bas. Observer ces petites choses implique de devoir en prendre soin émotionnellement. Lorsque votre partenaire est en train de raconter quelque chose, pratiquez cette forme d'attention à son égard et observez son langage du corps, et faites attention à si ce dernier correspond à ses mots. En effet, nous avons tendance à remarquer les comportements des autres de plus en plus facilement, à mesure que nous passons du temps avec eux. Si vous remarquez que votre partenaire ne va pas bien, car ses habitudes ne sont pas les mêmes, alors c'est qu'il y a probablement quelque chose à creuser.

•   *Les relations ne signifient pas uniquement donner et recevoir*

Chaque partenaire devrait avoir son tour pour apporter

de l'affection, du soutien ou faire aussi des petits cadeaux. Cela signifie que, à la base d'une relation, il devra y avoir un fort équilibre. Cela implique aussi que, parfois, vous devrez puiser intensément dans votre volonté afin de rendre heureuse l'autre personne : le véritable amour réside en notre capacité à faire des compromis. Communiquer avec votre partenaire et essayer d'avoir un terrain commun rendra votre relation plus saine et positive. Ne restez pas l'éternel "donneur" ou "receveur", créez un équilibre et faites remarquer à votre partenaire si vous avez l'impression de faire trop d'une seule chose. Imaginez être en équilibre sur une planche : si vous donnez trop, alors l'équilibre sera rompu. Maintenir l'équilibre est une tâche délicate, et vous allez certainement devoir trouver votre rythme, mais faites bien attention à ne pas vous perdre dans la constante recherche de l'équilibre. En discutant constamment avec votre partenaire, vous arriverez à faire ces petits ajustements constamment et trouverez l'équilibre presque naturellement.

- *Choisissez attentivement pourquoi vous fâcher*

Une chose dont nous n'échapperons pas lorsque nous sommes en couple : les disputes. Lorsque l'on commence à vivre une relation ensemble et que l'on passe plus de temps avec une personne, on pourrait découvrir des petites choses de l'autre qu'on nous tenait cachées par crainte d'être jugés ou par simple négligence, ou même des petites habitudes qui nous dérangent tandis que l'autre n'en est même pas conscient. Même si vous et votre partenaire vous aimez énormément, il pourra arriver que la dispute prenne le dessus sur votre relation : il sera très difficile de vivre ensemble sans jamais se heurter. Sans aucun doute, il y aura des choses chez votre partenaire qui vous gêneront ; ce sera à ce moment-là que vous devrez décider s'il vaudra la peine ou non de se disputer pour cette raison. La relation pourra se maintenir saine lorsqu'elle sera épargnée par des disputes futiles et que les conversations concerneront peut-être la carrière, l'avenir ou les enfants. Certes, se disputer est parfois quelque chose de bénéfique, car il libère une tension qui aurait fini par trop s'accumuler. Mais ne gardez cette option uniquement si vous avez tenté de communiquer plusieurs fois avec votre partenaire et qu'aucun effort n'a été fait, ou qu'aucun terrain d'entente n'a été trouvé. La dispute est l'ultime recours d'un problème qui n'a pas été bien géré.

- *Nous ne sommes pas tous parfaits – et même votre partenaire ne l'est pas*

Probablement, dans votre vision des choses, un partenaire qui fait tout de manière romantique, comme dans les films, est la base pour un avenir radieux et une relation sans nuage. Mais la réalité est toute autre : bien loin des films, nous vivons une relation avec deux individus, leurs bagages émotionnels et leurs problèmes qui ne sont pas au niveau de Brad Pitt ! Apprenez à descendre de votre petit nuage romantique et faites face à la vérité : vous êtes en relation avec une personne qui, même si elle semble parfaite à tous les égards, est avant tout un être humain avec ses défauts. Apprenez à apprécier ses défauts, à vivre avec et n'en tenez pas rigueur si vous n'êtes pas avec le prince charmant. Après tout, la vie n'est pas un film hollywoodien qui se termine après deux heures dans une salle sombre : elle est pleine de rebondissements, de moments creux et de remous qui valent tous la peine de vivre. Ne cherchez pas la perfection, mais sachez noter la perfection ou les grandes qualités de votre partenaire lorsque celles-ci se présentent sans crier gare.

- *Appréciez la vie avec un autre être humain*

Prenez toujours votre temps afin de réfléchir sur les petites choses, aussi bien au début de la relation que par la suite. Les relations peuvent être beaucoup plus satisfaisantes, et vous faire découvrir quelque chose sur vous-même dont vous ignoriez l'existence. Les relations saines et heureuses sont celles où la personne avec laquelle vous passez votre temps vous rend meilleur, et vous devriez lui en être reconnaissant. Vous avez ici le secret d'une chose magnifique : savoir apprendre de l'autre et apprendre sur vous-même par la même occasion. Une relation n'est pas uniquement quelque chose de romantique, mais c'est un chemin que deux individus ont décidé de suivre en se tenant la main. Sachez apprécier le temps que vous avez avec l'autre et ce qu'il peut vous apprendre sur vous, sur lui, et sur la vie. Rares sont les personnes qui décident d'octroyer autant de temps à une seule et même personne, et il est utile de le reconnaître régulièrement.

- Le secret de toute relation : communiquez à cœur ouvert

Vous avez décidé de commencer une relation avec quelqu'un ? C'est un effort non-négligeable qui nécessitera du travail et beaucoup de label. Et pourtant ce que vous allez en retirer va aller bien au-delà de toute amitié ou relation familiale. Lorsque vous construisez une relation, vous signez un contrat avec l'autre. Dès lors, il vous faut savoir les closes dudit contrat, ainsi que de savoir le respecter et l'adapter au gré de vos envies et de vos intentions. Une relation amoureuse n'est pas toujours des petits nuages roses ou des remous comme des drames dignes d'Hollywood. Plus vous communiquerez avec votre partenaire, plus vous serez sur la même longueur d'onde et plus vous pourrez construire, ensemble, votre intelligence émotionnelle. Plus vous vous montrerez vulnérable et saurez communiquer les choses qui vous affectent, plus vous construirez cette relation de manière seine et équilibrée.

Ne vous attendez pas à ce que tout roule comme sur des roulettes durant l'entier de votre relation. Il vous faudra beaucoup de temps, de discussions et de potentiel d'adaptation afin de faire fonctionner cette relation. Mais cela ne peut être atteint qu'en utilisant énormément d'empathie et d'intelligence émotionnelle. Plus vous pratiquerez cette forme de communication, plus vous serez en symbiose avec la personne qui a décidé de partager un instant de sa vie avec vous. Tirez-en le meilleur parti et mettez tout ce qui est en votre pouvoir pour faire de cette relation votre propre film hollywoodien !

19.   Conclusion

Nous sommes arrivés à la fin de notre parcours sur la route de l'intelligence émotionnelle. Vous l'aurez remarqué, peut-être qu'un voyage autour du monde aurait probablement été plus simple. Vous savez pourquoi ? Parce que notre "moi" intérieur est infiniment plus complexe et problématique de n'importe quel monde extérieur. L'homme n'est pas une machine parfaite – heureusement, avouons-le – et essayer de comprendre un autre être humain peut devenir la chose plus difficile que vous ferez en un jour, une semaine ou un mois entier. Le cerveau humain est multiforme : souvent, nous-mêmes ne voulons pas nous faire comprendre par les autres, nous éloigner d'eux, par peur de cette vulnérabilité ou par soucis de protection de soi.

Grâce à l'intelligence émotionnelle, nous pouvons réussir à limiter ces obstacles et à éviter que se forment en nous d'autres barrages; nous réussirons à être et à nous sentir encore plus proches des autres êtres humains qui nous entourent et, de façon automatique et presque de manière involontaire, nous nous comprendrons nous-même un peu mieux. Chaque jour, nous entendons quelqu'un utiliser la phrase « Se mettre dans la peau de quelqu'un ». Demandons-nous combien d'entre nous essaient de le faire, combien mettent cet acte en pratique pour de vrai. C'est ceci le talent de l'intelligence émotionnelle : savoir quitter ses préjugés et sa vie afin d'embrasser une existence qui nous est totalement étrangère, tout en prenant en compte ce que nous connaissons. Un peu lorsque John Malkovich a quelqu'un d'autre dans son corps, voyant à travers ses yeux, créant des situations complètement dystopiques dans le célèbre film "Dans la Peau de John Malkovich" (*directeur : Spike Jonze, 1999*). Mais l'expérience ne serait pas si horrible si la personne prenant possession de son corps avait une grande intelligence émotionnelle !

Voir la même situation d'un autre point de vue, à travers un œil différent, cela élargit votre monde, augmente votre rapport avec les personnes et vous fait rentrer en profonde connexion avec les autres, vous-même et le monde entier. Grâce à cela, nous avons une vue plus objective sur le monde et pouvons comprendre les choses dans leur ensemble, de manière plus sereine. La façon dont nous nous rapportons quotidiennement à notre moi intérieur a un grand impact sur nos émotions et sur notre santé émotionnelle : nous ne parlerons jamais à un inconnu ou à un ami comme nous nous parlons à nous-même.

Si chacun d'entre nous s'efforçait de développer sa propre intelligence émotionnelle, s'il comprenait à quel point les émotions sont importantes et, surtout, à quel point il est fondamental faire de la place pour ces dernières. Si nous arrivions à gérer de manière optimale toutes nos émotions, nous vivrions probablement dans un monde meilleur. En connaissant nos émotions, nous arrivons à voir le monde de manière objective, et savons donc réagir aux frustrations et à l'incompréhension de manière optimale. Le fait que tout cela ne se soit pas encore produit ne doit pas vous abattre ou vous frustrer, bien au contraire : rappelez-vous que même le plus petit changement doit commencer par nous-même. Le Mahatma Ghandi a dit la célèbre phrase : « Soyez le changement que vous voulez voir dans le monde. » Et nous devrions tous vivre selon ce principe. En commençant par nous changer nous-mêmes, nous arriverons à changer les gens autour de nous, et bien plus encore.

Nous ne pouvons pas attendre que les autres fassent les bonnes choses à notre place ou qu'ils agissent pour nous. Désormais, votre tâche sera d'être plus accueillant envers les autres : vous devrez sonder encore plus le monde et ses habitants, et vivre toujours avec un œil sensible, vigilant et attentif. Vos mots d'ordre devront être :

- *Écoutez* si vous voulez comprendre les autres personnes ;
- *Soyez empathique* afin de comprendre leur point de vue ;
- *Réfléchissez* pour pouvoir éclaircir vous-même les émotions qui vous traversent.

Pour entrer en contact réel avec le monde extérieur, vous devrez acquérir la capacité d'enlever délicatement les couches qui vous séparent des autres personnes : seulement ainsi vous pourrez vraiment comprendre ce que ressentent les autres et ce que vous ressentez lors d'une même situation. Rappelez-vous que nous ne vivons pas les mêmes choses intérieurement car nous avons un passé et des expériences différentes l'un de l'autre.

L'intelligence émotionnelle concerne la compréhension des émotions, la réalisation de leur racine et la capacité de les affronter, même si elles semblent impossibles à démêler, de la meilleure façon possible. Grâce à la lecture de ce livre et à l'application de ses principes, le parcours pour développer votre intelligence émotionnelle ne fait que de commencer.

A votre succès,

Robert Mercier

Cela pourrait aussi vous plaire…

Communication Non Violente:

Comment comprendre les dynamiques des interactions humaines et devenir des communicants brillants et empathiques grace a la psychologie de la communication assertive

Rappelez-vous des nombreuses fois où vous avez repensé à froid à un événement et où vous vous êtes dit :

- "J'aurais dû dire ça..."
- "Si seulement j'avais été prêt...."
- "Si j'avais fait autrement, j'aurais pu changer les choses...."

A dire vrai, nous sommes tous impliqués, dès notre plus jeune âge, dès l'école, dans des conflits plus ou moins importants avec nos camarades de classe ou nos professeurs.

En grandissant, nous sommes mêlés à des situations conflictuelles, dans le cercle familial, professionnel ou intime. Beaucoup d'entre nous ont ruiné des relations, loupé des opportunités de travail ou laissé mourir des amitiés juste à cause de notre manque de communication.

Mais personne ne naît avec la capacité d'avoir toujours la bonne réponse et cette aptitude ne s'acquiert pas à l'école.

Comment faire alors pour avoir toujours la bonne réponse ?

Comment un simple mortel peut devenir aussi précis avec ses mots qu'un tireur d'élite avec son fusil ?

C'est là que ce manuel entre en jeu.

La Communication Non-Violente est une extraordinaire méthode d'interaction qui vous permet de gagner en autorité et respect sans pour autant être impertinent et arrogant.

Être un communicant non-violent signifie exprimer ouvertement et calmement ses besoins, poser des limites aux demandes des autres, gérer attentes et critiques avec fermeté et prendre des décisions claires, tout en conservant son équilibre. Grâce à ce livre, vous apprendrez à devenir ce communicant là.

Vous découvrirez, à travers des exemples et des exercices pratiques, toute une série de stratégies et de techniques de communication pour dépasser les insécurités et la gêne dans toutes les situations. Au travail, vous pourrez mieux interagir avec un supérieur exigeant, vous convaincrez des clients difficiles, vous travaillerez efficacement en équipe. Lors d'un entretien, vous valoriserez davantage vos compétences. En famille ou entre amis, vous ne vous ferez plus marcher sur les pieds.

Alors n'attendez plus... commencez à lire ce manuel pour devenir un communicant efficace dès maintenant !

Pour en savoir plus, encadrez le code QR suivant avec l'appareil photo de votre smartphone.

P.S. : Une communication de qualité, avec soi-même comme avec les autres, est l'une des plus précieuses compétences de nos jours.

Fermez-vous la porte de la salle de bain alors même que vous êtes seul à la maison ?

Ou … lorsque vous parlez au téléphone, tournez-vous en rond dans la pièce sans réussir à rester en place ?

Attendez, attendez… inutile de vous inquiéter !

En effet, quelle que soit votre réponse…

Les questions de ce type vous font penser : *« Pourquoi est-ce que je fais ceci ? »* et *« Qu'est-ce que cela signifie pour moi et ma personnalité ? »*

En d'autres termes…

Quelle raison se cache derrière nos comportements ? Malgré tous nos efforts pour « nous connaitre nous-même », la vérité est que, souvent, nous n'en connaissons absolument pas assez sur notre esprit et encore moins sur celui des autres.

Pourquoi tombons-nous amoureux de celui ou celle qui nous rejette ? Pourquoi avons-nous tendance à procrastiner, prolongeant ainsi notre inconfort avec anxiété et inquiétude ? Pourquoi, parfois, nous ne croyons pas être à la hauteur de quelqu'un ou de quelque chose ?

<u>Dans le « *Manuel de Psychologie Humaine* »</u>, l'auteur met en lumière la nature de l'Homme, parcourant l'intéressante histoire de la psychologie, les grands noms de cette discipline et leurs incroyables découvertes (également les moins connues).

Voilà seulement un aperçu de ce que vous y découvrirez :

- Les meilleurs tests de personnalité : pour découvrir et apprendre davantage sur vous-même et votre caractère ;

- Comment analyser les comportements des personnes pour en déduire la personnalité et les intentions, sans vous faire remarquer ;

- Des études et expériences tant controversées et terrifiantes qui ne pourraient jamais être conduites aujourd'hui ;

- Comment vous faire apprécier de tous, sans pour autant être beau, riche ou célèbre ;

- Les mythes et les mensonges de la psychologie : tout ce qu'ils nous ont enseigné n'est pas vrai ;

- Comment instaurer des relations bénéfiques, en comprenant profondément les dynamiques sociales et de groupe ;

- Les origines étranges des troubles de la personnalité ou de vos inconforts quotidiens ;

- Et beaucoup plus encore !

Certains livres transforment les théories, les principes et les expériences les plus intéressantes de la psychologie en discours ennuyants que même Freud éviterait de lire. Ce manuel, en revanche, élimine les détails ennuyants et les statistiques en vous donnant des leçons de psychologie directes et faciles à comprendre.

Que vous soyez en train de chercher à comprendre la complexité de l'esprit ou simplement désireux de découvrir ce que vous cachent vos amis, ce livre possède toutes les réponses… même celles dont vous ne vous attendez pas.

Aussi, ne perdez plus de temps !

Pour en savoir plus, encadrez le code QR suivant avec l'appareil photo de votre smartphone.

www.ingramcontent.com/pod-product-compliance
Lightning Source LLC
Chambersburg PA
CBHW051056250726

48656CB00001B/317